湖南省社会科学院（湖南省人民政府发展研究中心）哲学社会科学创新工程资助项目

都市圈产业协同发展过程与机制

罗黎平 等著

Process and Mechanism of
Coordinated Industrial Development
in Metropolitan Areas

中国社会科学出版社

图书在版编目(CIP)数据

都市圈产业协同发展过程与机制 / 罗黎平等著.
北京：中国社会科学出版社，2025.3. -- ISBN 978-7
-5227-4692-0

Ⅰ.F127.64

中国国家版本馆 CIP 数据核字第 2025JM9720 号

出 版 人	赵剑英
责任编辑	党旺旺
责任校对	罗婉珑
责任印制	张雪娇

出　　版	中国社会科学出版社
社　　址	北京鼓楼西大街甲 158 号
邮　　编	100720
网　　址	http://www.csspw.cn
发 行 部	010-84083685
门 市 部	010-84029450
经　　销	新华书店及其他书店

印　　刷	北京明恒达印务有限公司
装　　订	廊坊市广阳区广增装订厂
版　　次	2025 年 3 月第 1 版
印　　次	2025 年 3 月第 1 次印刷

开　　本	710×1000　1/16
印　　张	11
插　　页	2
字　　数	150 千字
定　　价	68.00 元

凡购买中国社会科学出版社图书，如有质量问题请与本社营销中心联系调换
电话：010-84083683
版权所有　侵权必究

目录 CONTENTS

第一章 都市圈产业的空间升级 …………………………… 001
    第一节 都市圈产业协同发展不断升温 ……………… 001
    第二节 新发展格局下产业组织行为转向 …………… 005
    第三节 从过程与机制层面探讨产业空间升级 ……… 013

第二章 长株潭都市圈产业协同发展概览 ……………… 017
    第一节 产业协同的实践历程 ………………………… 017
    第二节 产业协同的总体概况 ………………………… 024
    第三节 产业协同的延伸分析 ………………………… 028

第三章 地理空间邻近的显著优势 ……………………… 033
    第一节 大产业的跨河空间溢出 ……………………… 033
    第二节 配套产业的空间集聚 ………………………… 047
    第三节 政府在其间的重要作用 ……………………… 062

第四章 飞地产业园区的艰难探索 ································ 073
第一节 双向奔赴的发展选择 ································ 073
第二节 合作实践的一波三折 ································ 087
第三节 面向未来的机制创新 ································ 095

第五章 企业空间离散的全新趋势 ································ 104
第一节 "研发—制造"分离：产业链分工的实践探索 ································ 104
第二节 发展再遇困境：解决老问题又出现的新问题 ································ 115
第三节 推进三城联动：产业链分工与协作的优化路径 ································ 122

第六章 数字经济时代的模式创新 ································ 133
第一节 规模经济、范围经济与速度经济 ································ 133
第二节 数字赋能、路径突破与竞争优势 ································ 145
第三节 逻辑重构、数字治理与组织变革 ································ 155

参考文献 ································ 166

后 记 ································ 171

第一章

都市圈产业的空间升级

从京津冀到长三角、成渝双城经济圈,当前我国都市圈和城市群的产业协同发展实践正如火如荼。新时期我国都市圈和城市群产业协同发展实践有哪些显著特征?为什么最近十多年各地方政府、产业园区以及企业的跨区域产业协作的积极性和主动性显著增强,其背后的原因和支撑逻辑是什么?都市圈和城市群的产业协同本质上属于区域产业空间升级的范畴,那么在这个产业的空间升级过程中,又都有着怎样"异常复杂而又艰难"的演化过程以及"兼具普适性和特殊性"的机制创新作支撑?从本章开始,我们将慢慢向你讲述与解答。

>>> 第一节 都市圈产业协同发展不断升温

近十多年来,中国国内的地方经济区域发展合作特别是产业的区域协同发展不断升温。从国家重大战略层面,2014年2月,京津冀协同发展上升为国家战略;2019年2月,中共中央、国务院印发《粤港澳大湾区发展规划纲要》,粤港澳大湾区建设全面启动；2019年12月，中共中央、国务院发布《长江三角洲区域一体化发展规划纲要》；2020年10月，中共中央、国务院印发《成渝地区双城经济圈建设规划纲要》。这些国家重大战略中，区域或城市间的产业协同发展是重点。如产业协同发展被当作京津冀协同发展战略三个率先突破领域之一，2023年5月还专门印发了《京津冀产业协同发展实施方案》。十多年来，京津冀以疏解北京非首都功能为核心，大力推进产业转移与承接，将北京市一般制造企业、四环内区域性专业市场向津冀两省及周边区域疏解，构建"一个中心、五区五带五链、若干特色基地"（简称"1555N"）产业发展格局，首都经济圈产业空间布局进一步优化。此外，三市产业协同创新平台建设取得积极进展，以北京中关村为重点，先后成立了天津滨海中关村科技园、保定中关村创新中心和雄安新区中关村科技园等科技合作园区[①]。

长江三角洲区域一体化发展中也重点强调区域产业的分工与协作。2020年，工业和信息化部印发《长三角制造业协同发展规划》。近年来，长三角跨区域产业协同发展呈现出以下特征：一是二、三产业的跨区域空间重新布局。随着长三角省会城市商务成本上升，非省会城市抓住机遇，不断探索共建园区、产业飞地、一体化示范区等合作模式，大力发展先进制造业，初步形成以上海为核心、以杭州和南京为重点的服务中心以及以京沪沿线、沿江和沪杭甬沿线为重点的制造业集聚带。二是构建跨区域分工协作的制造产业链。三是构筑多层次的生产性服务业集聚区。四是打造以G60科创走廊为代表的跨区域协同创新共同体[②]。"科创飞

---

① 张贵、孙晨晨、刘秉镰：《京津冀协同发展的历程、成效与推进策略》，《改革》2023年第5期。
② 林玉妹、林善浪：《区域一体化背景下跨区域产业协同发展研究——以长三角地区为例》，《中州学刊》2022年第11期。

地"是G60科创走廊跨区域协同创新的主要形式,以浙江衢州(杭州)海创园为代表的"科创飞地",带动了长三角其他县市的效仿跟进,如浙江省的长兴县、慈溪市、常熟市、丽水市先后在杭州、北京等大城市建立"科创飞地"。此外,为了招引人才与利用上海等大城市的优质科创资源,一些县市的企业也纷纷在大城市设立研发企业(中心),形成了"大城市研发、中小城市制造生产"的企业空间分异现象。

成渝双城经济圈通过共建优势产业链、共建联合招商机制、探索经济区与行政区适度分离改革等方式,大力推动区域之间的产业协同发展。专门联合出台了汽车、电子信息、装备制造、特色消费品4个领域高质量协同共建优势产业链方案,推动补链、延链、强链。此外,还创建了全国首个跨省共建的省级新区——川渝高竹新区,出台了《成渝地区双城经济圈产业合作示范园区创建管理办法》,对产业合作示范园区进行认定授牌,共建成渝现代高效特色农业带,将产业合作示范园区和毗邻地区特色产业带建设作为推进成渝双城经济圈产业协同发展的重要载体和平台。

除了以上国家重大战略层面的区域产业协同发展实践外,其他国家级都市圈的产业协同发展实践也进行得如火如荼。以国内最早进行区域一体化探索实践地区之一的长株潭都市圈为例,早在2002年6月,湖南省政府就颁布了《长株潭产业一体化规划》,提出要超越长株潭三市的行政区划限制,三市统一规划产业布局、统一产业政策、统一整合资源,力争形成三市合理分工、优势互补的区域产业发展新格局。但总体看,长株潭一体化早期重点放在交通、能源等基础设施的共建共享、生态环境的共治以及民生领域的共建共享等领域,而产业协同则更多体现在规划布局层面,真正有实质性的进展是在最近十多年,如长沙相关产业园区开始主动与株洲、湘潭以及长株潭以外的产业园区开展合作、共建飞地产业园区；株洲、湘潭地区的企业纷纷开始在长沙设立分公司，专司企业技术研发、人才引进以及市场拓展业务；株洲、湘潭的制造企业纷纷与长沙的大企业建立配套合作关系。政府层面也积极引导跨区域产业分工协作。2023年7月，由长株潭一体化发展事务中心倡议发起成立长株潭园区发展联盟，旨在搭建园区之间、园区与政府之间、园区与企业之间的交流与合作平台，组织长株潭园区整体对外宣传推介和招商，加速关键技术联合攻关和共享应用，推动产业链供应链全方位、多层次、宽领域协作[①]。

梳理国内主要城市群和都市圈的产业协同发展实践不难发现，与中国早期城市群和都市圈的产业一体化实践不同，最近十多年的实践呈现出几个明显的特征。

一是跨区域产业协同发展主体的内生动力更为强劲。相对以前政府主导"拉郎配"式的区域产业一体化或者跨区域产业协作，近年来，地方政府、产业园区、企业跨区域产业协同的愿望更为强烈、行动更为积极主动。一方面，地方政府积极推动战略层面的"对接融入"，如安徽省、江西省近年来提出实施"东进"战略，深度融入长三角一体化显得越发积极和主动。另一方面，园区的跨区域合作和企业的跨区域布局更为积极主动，背后的动力大多来自园区、企业自身发展的现实需求驱动。

二是跨区域产业协同发展的空间组织形式更为多样。这期间既有产业的转移与承接，如北京向周边区域疏解一般性制造业，上海向周边区域转移工业项目；也有发达地区在欠发达地区建设"飞地园区"和"托管园区"，毗邻地区共建产业带，跨区域共建产业链，欠发达地区在发达地区建设"科创飞地"；还有企业生产

---

① 《长株潭园区发展联盟成立大会在长沙举行》，《长沙晚报》2023年7月13日。

环节与研发、销售环节的空间分离。

三是跨区域产业协同发展的空间结构特征更为鲜明。多年的跨区域产业协同实践，极大地推动城市群或都市圈区域产业空间组织的优化重构。一方面，"中心—外围"的产业布局特色日益鲜明。城市群或都市圈中心城市以科技研发、工业设计、金融服务、商务会展等为重点的生产性服务业占比越来越重，逐步形成了以现代服务业为主或者现代服务业与先进制造业"并驾齐驱"的产业结构；周边的中小城市特别是中心城市边缘区域积极承接中心城市的制造业和一般生产性服务业外迁，逐步形成了以制造和一般生产性服务业为主的产业结构。另一方面，突破行政区划的产业廊道化、带状化趋势日益鲜明。如长三角区域的G60科创走廊，本质上是高技术产业走廊；成渝现代高效特色农业带规划"一轴三带四区"，其中"三带"包括沿长江现代高效特色农业绿色发展示范带、沿嘉陵江现代高效特色农业转型发展示范带、渝遂绵现代高效特色农业高质量发展示范带①，都是跨行政区的带状化空间布局。

>>> 第二节 新发展格局下产业组织行为转向

为什么最近十多年地方政府、产业园区以及企业的跨区域产业分工协作的积极性和主动性显著增强？剖析背后的原因发现，其间既有空间经济学原理、城市群和都市圈产业发展及其空间结构演化一般规律的作用，更与近年来国内外发展环境形势急剧变化、国家总体发展战略和发展格局转变导致的区域产业组织行为转向

---

① 史晓露：《解读〈成渝现代高效特色农业带建设规划〉共建合作园区 实现1+1>2》，《四川日报》2021年12月28日。

紧密相关。

从空间经济学原理上分析，经济学家通过建构空间经济学模型研究发现，城市群和都市圈产业空间结构演化的均衡结果是生产性服务业集聚在区域性中心城市，而制造业集聚在外围区域，从而形成"中心—外围"的产业空间分布结构①。在这个演化过程中，中心城市商务成本的升高是关键驱动因素，而商务成本主要分为要素成本和交易成本两大类。一般认为，制造业对土地、劳动力和资源等要素成本比较敏感，而生产性服务业对与制度相关的交易成本比较敏感②。

近十多年来，中国城市化进程快速推进。常住人口城镇化率由2010年的49.95%提升至2023年的66.16%，平均每年提高1个多百分点；全国城市建成区面积由2010年的40058.1平方千米扩大至2022年的63676.4平方千米，总面积扩大了一半多。根据第七次全国人口普查数据，到2020年，全国城区常住人口过1000万人的超大城市有7个，城区常住人口在500万人至1000万人之间的特大城市有14个。随着城市规模扩张与经济发展，一方面，中心城市的制造业敏感要素成本尤其是土地使用成本出现快速攀升，对制造业形成了实质性的"挤出效应"，再叠加近年来环保门槛、亩均收益等条件和要求，迫使原先位于中心城市的制造业企业不得不向周边区域迁移，一些中心城市的产业园区由于工业用地成本快速升高以及存量用地的日趋紧张，开始向周边区域的产业园区寻求跨区域合作，拓展新的发展空间。由此，跨区域产业协同

---

① Alonso-Villar, O. and J, "Chamorro-Rivas. How Do Producer Services Affect the Location of Manufacturing Firms? The Role of Information Accessibility", *Environment & Planning*, Vol. 33, No. 9, 2001.
② 江静、刘志彪、于明超：《生产性服务业发展与制造业效率提升：基于地区和行业面板数据的经验分析》，《世界经济》2007年第8期。

的"产业迁移"和"飞地园区"便开始出现。

另一方面，由于生产性服务业对与制度相关的交易成本比较敏感。交易成本与信息获取成本、金融服务便利化程度、营商环境质量、人力资本可得性等因素紧密相关。与要素成本不同，随着城市规模扩张与经济发展，中心城市的交易成本是下降的，中心城市对周边生产性服务业形成了"向心力"，于是出现了周边区域在中心城市设立"科创园区"，周边区域的企业自我驱动生产环节与研发、营销环节实现空间分离，在中心城市设立分公司，具体负责企业的技术研发、人才引进与市场拓展等业务。

除了以上原因外，国内区域间的产业协同不断升温，还与近十多年外部环境形势急剧变化、国家总体发展战略和发展格局转变紧密相关。这里需要简要梳理一下改革开放前后我国区域间产业协同发展的演进历程。

改革开放以前，中国区域经济的组织和运行是指令性计划主导，垂直关系占主导，横向联系微弱，部门经济和地方经济长期在比较封闭的条件下运行。追求地区平衡的区域经济合作主要是作为实施计划经济、确保资源调配和供给的政治手段而行使，全国范围内合理分工合作格局难以形成①。比如全国与铁路运输相关的企业，从负责技术研发的铁道部科研院所到铁路机车、钢铁轨道的生产制造乃至铁路的修建等，都统一由铁道部负责规划、统筹与协调，企业生产什么、生产多少？生产的原料、配件从哪里来？生产的产品销往哪里？都不是企业能够主导的，而是由国家相关部门负责统一安排与调配，同一个地区和城市但分属国家不同部委的企业间横向经济联系非常弱。一个城市两家有着明显上

---

① 高新才：《改革30年来中国区域经济合作的回顾与展望》，《西北大学学报》（哲学社会科学版）2008年第5期。

下游配套关系的国有企业，仅一墙之隔，但彼此之间从未发生过生产协作关系，明明甲厂生产的产品就是乙厂所需要的配件，但乙厂就是不能跨过"一道围墙的距离"从甲厂直接就近采购，非得由国家相关部委从全国统一采购和调配。在改革开放前，这种案例十分常见。

改革开放以后，以1979年国务院提出的"扬长避短、发挥优势、保护竞争、促进联合"十六字方针为标志，国内各经济区开始摒弃追求独立工业体系与国民经济体系的传统思维与战略，开始寻求地区之间的协作[①]。1986年，国务院印发了《关于进一步推动横向经济联合若干问题的规定》，对全国企业、行业、地区之间开展横向经济联合进行了新的规定，比如提出"要积极发展原材料生产与加工企业之间的联合，生产企业与科研单位（包括大专院校）之间的联合，民用与军工企业之间的联合，工、农、商、贸企业之间的联合，以及铁路、公路、水运、民航企业之间的联营，等等"。

与此同时，为缓解由于家庭联产承担责任制实施释放的农村大量剩余劳动力就业以及20世纪70年代国家大规模负债引进西方设备、80年代初地方投资高涨、进口激增所形成的对外债务压力的双重困境，1987年，时任国家计委计划经济研究所副研究员的王建提出实施"国际大循环经济发展战略"的构想，即"充分利用农村劳动力资源丰富的优势，大力发展劳动密集型产品出口，用换回的外汇支援基础工业及基础设施建设，过资金密集型产业发展阶段这一关"[②]。1988年2月，中共中央政治局第四次全体会议

---

① 高新才：《改革30年来中国区域经济合作的回顾与展望》，《西北大学学报》（哲学社会科学版）2008年第5期。
② 王建：《王建谈走国际大循环经济发展战略的可能性及其要求》，《农垦经济研究》1988年第1期。

正式确立了"国际大循环经济发展战略"。"国际大循环经济发展战略"的雏形是改革开放初期珠三角地区的"三来一补"外贸模式：即来料加工、来样加工、来件装配和补偿贸易，由外商提供资金、设备、原材料、样品，并负责全部产品的外销，由中国企业提供土地、厂房、劳动力，简称"两头在外，大进大出"模式。

在计划经济时代，在国家计划安排下的国内经济循环体系中，全国各大区域之间有着比较明显的区域分工：东部沿海地区是轻工业产品的生产和输出地，而中西部内陆地区和东北地区是机器设备和原材料的生产和输出地。中西部地区和东北地区把机器设备和原材料输送到沿海地区和内地，沿海地区则将其用于生产轻工产品并把它们输送到东北和中西部地区[1]。但是，国际大循环经济发展战略实施特别是中国正式加入世界贸易组织（WTO）以后，中国企业尤其是沿海地区企业嵌入全球价值链（GVC）的进程明显加快，与全球经济的联系开始强化。但同时，国内地区间价值链（NVC）开始弱化甚至断裂。原因在于：一是发达国家的机器设备质量更好、技术更为先进，生产率也更高，其原材料品质和供给更好；二是沿海地区必须按照发达国家消费者的偏好进行生产，用其原材料和机器设备生产出来的产成品能够更加满足市场的需求；三是大量引进的外资企业直接投资中，也包含对涉及的主要机器设备的引进[2]。

这种格局在2008年国际金融危机发生后开始出现变化。国际金融危机后，经济全球化从高潮转向低潮，国际贸易和跨境投资增速放缓，全球产业链、供应链在持续了近30年的扩张后出现收

---

[1] 刘志彪：《建设优势互补高质量发展的区域经济布局》，《南京社会科学》2019年第10期。
[2] 刘志彪：《建设优势互补高质量发展的区域经济布局》，《南京社会科学》2019年第10期。

缩。《世界投资报告2018》的数据显示，2017年全球价值链上的国外增加值占比30%，同比下降1个百分点，是这一指标自1990年以来的首次下降。北美、欧洲、东亚三大生产网络的内部循环愈趋强化，根据麦肯锡全球研究院的报告，2013—2017年，区域内贸易占全球贸易总额的比例增长2.7%，反映商品生产价值链的区域集中度提高。全球产业链布局从成本主导转向成本、市场、技术多因素共同作用，要素成本因素在产业链布局中的权重下降，市场和技术可获得性的重要性明显上升，产业链的全球垂直一体化拆分为围绕主要制造中心的区域化配置[①]。根据上海社会科学院干春晖教授团队的研究成果，2000—2020年代表中国经济内循环依存度的国内循环度曲线整体呈"U"形，大致是以2008年国际金融危机为分界线，在国际金融危机发生之前，国内循环依存度一直呈下降趋势，从2001年的81.99%逐渐下降到2008年的73.78%。但是，国际金融危机发生后，国内循环依存度开始不断上升，在2018年达到了分析时段内的最高值83.98%[②]。

从国际贸易形势看，2018年1月，美国特朗普政府宣布"对进口大型洗衣机和光伏产品分别采取为期4年和3年的全球保障措施，并分别征收最高税率达30%和50%的关税"。自此，中美经贸摩擦不断升级，并且向科技、金融领域加速拓展与延伸。美国针对中国的经贸科技打压措施变本加厉，在出口管制、投资审查、单边制裁方面不断采取新的措施，严重损害中方利益。与此同时，2019年12月新冠疫情全面暴发，使得全球产业链、供应链遭受重创。国际贸易保护主义抬头叠加新冠疫情暴发以及后来的乌克兰

---

① 王一鸣：《百年大变局、高质量发展与构建新发展格局》，《管理世界》2022年第12期。
② 干春晖、满犇：《双循环测度与国内大循环内生动力研究》，《系统工程理论与实践》2023年第11期。

危机等因素，对全球产业链、供应链的部分环节形成巨大冲击，全球产业链面临深刻调整。

总体来看，全球产业链的区域化、本土化，以及数字化、网络化和智能化发展将是未来的长期态势。麦肯锡2020年的一项调查显示，为应对全球产业链的新变化，90%以上的企业有改善产业链供应链韧性的计划，除了"搬迁回国"外，促进原材料供给多元化、加大关键核心技术研发、加强近岸采购和扩大采购基地、促使产业链区域化都是企业考虑的选项①。

为顺应国内外发展形势的急剧变化，2020年4月在中央财经委第七次会议上，习近平总书记首次提出构建以国内大循环为主体、国内国际双循环相互促进的新发展格局。习近平总书记强调，加快构建新发展格局，要更好统筹扩大内需和深化供给侧结构性改革，增强国内大循环动力和可靠性；要加快科技自立自强步伐，解决外国"卡脖子"问题；要加快建设现代化产业体系，夯实新发展格局的产业基础；要全面推进城乡、区域协调发展，提高国内大循环的覆盖面；要进一步深化改革开放，增强国内外大循环的动力和活力②。这里面最核心的一点，就是打造自主可控、安全可靠、竞争力强的现代化产业体系。

中国经济发展阶段的演进、外部发展环境形势的急剧变化以及国家总体发展战略的调整，迫使已经长期适应全球化的中国企业开始新的产业组织行为转向。2021年7月，英国《经济学人》发表的文章《敏锐的全球化——中国企业不显山不露水的新扩张》认为，中国企业正在适应这种更具敌意的环境，并且正以一种不

---

① 《亚洲经济前景及一体化进程》，澎湃，2024年4月10日，https：//hangzhou0112819.11467.com/news/1304850.asp。
② 习近平：《加快构建新发展格局 把握未来发展主动权》，《求是》2023年第8期。

显山露水的方式进行扩张并蓬勃发展。中国企业新的全球战略中，第一个原则是巧妙的本地化，充分利用海外业务收益实施本地再投资，中国公司还保留了子公司在海外的领导地位，如倍耐力2015年被中国化工集团公司收购，但仍在意大利生产轮胎；第二个原则是避开大型交易，转向小型交易。2021年上半年中国企业海外投资235宗对外交易中，只有3宗投资额超过10亿美元；第三个原则是依靠自己的知识产权走出去，而不是像过去那样纯粹是冲到外国去购买技术。但即便如此，该文章认为，这些机敏的中国企业仍可能受到来自美国及其盟友的打击，中国的跨国公司需要重新适应。[1]

在中国企业对外投资行为发生改变的同时，中国企业在国内尤其是区域内部合作方面，也出现了一些新的变化与动向，关键产品、技术的"国产化替代"和地方产业链、中小产业集群"抱团发展"成为新现象。一方面，在中美产生经贸摩擦前，对于中国制造的薄弱环节、短板领域的产品与技术需求，国内企业往往采取国际采购的方式获得，对于已经出现的国产新技术、新产品则非常谨慎。但是，中美后特别是新冠疫情发生后，由于外部不确定性加大，客观上强化了中国大企业国产替代、维护供应链安全的意识。因此，对于"国产化替代"持有更加包容与开放的态度。

另一方面，因为内外部环境形势的变化，企业也积极寻求"抱团发展"。比如，2024年1月24日长沙市望城区先进储能材料产业链企业举行战略合作签约，参与战略合作协议签署的企业包括湖南赛德电池、长远锂科、金驰能源材料、永杉锂业等一大批

---

[1] 《经济学人》：《中国企业正在适应更具敌意的全球环境，并蓬勃发展》，https：//m.guancha.cn/politics/2021_07_16_598780.shtml。

先进储能材料产业链上的龙头企业和重点企业。根据战略合作协议，参与企业将围绕储能产业、正极材料、技术研发、产业链协同、原材料供应等方面开展全方位深化合作，实现产业落地推动资源获取、资源开发带动产业提质的良性循环。长远锂科总经理张臻表示："我们将切实发挥'地缘优势'，增强区域产业创新体系整体效能。"在推动构建新发展格局和行业竞争激烈的当下，打通壁垒、抱团发展、形成合力，不仅是企业于"淘汰赛"中稳住阵脚、乘风破浪的重要法宝，更是提升区域产业竞争力的关键一招①。这种企业抱团发展，地方政府在其间的推动作用非常关键。近年来，为了推动地方产业链和供应链的建设，全国各地政府纷纷推出了"链长制"，一些重点优势产业链的链长基本由地方政府党政一把手担任。为此，有学者指出，"链长制"的出现，是中国地方政府为适应双循环新发展格局下的产业管理需要，基于弥补市场发育不足、"市场失灵"、维持市场机制正常运行的合理需要而推出的产业管理新方法②。

≫ 第三节 从过程与机制层面探讨产业空间升级

产业升级是生产者提升产品质量、加快生产效率或者改进生产技能的过程，即生产组织结构的重组。产业升级包括产业价值链升级和产业空间升级两种模式和路径。产业价值链升级关注生产的组织结构重构，主要有四种情形：过程升级、产品升级、功能升级以及跨产业升级。在经济地理学视域下，产业空间升级将产

---

① 周斌、王鹏：《链上企业抱团，"芯"动力澎湃》，《长沙晚报》2024年1月26日第2版。
② 刘志彪、孔令池：《双循环格局下的链长制：地方主导型产业政策的新形态和功能探索》，《山东大学学报》（哲学社会科学版）2021年第1期。

业升级视为一种地理过程，是指通过产业的空间重构来实现生产组织的优化和生产效率提升①。

产业空间升级侧重关注生产的空间重构，主要体现为以下几种方式：一是地方化，企业快速融入当地的产业链群、生产网络，并从中受益进而实现自身的产业升级。二是去地方化，企业将自身生产功能或者功能业务在空间上实现分离与重组，比如前面讲到的企业生产与研发、销售业务板块在不同城市进行空间分离布局，既可以享受大城市的优质公共服务与创新资源，又可以充分利用周边城市低成本用地和劳动力比较优势，实现了产业的空间优化与重构。三是区域化，企业充分利用地理邻近优势，在周边区域拓展生产网络，实现在更大空间范围内建立区域性生产网络与劳动分工体系，进而推动产业升级。前面讲到的飞地产业园区、产业溢出都属于这种情形。此外，我们通常讲城市或者园区产业空间布局的优化与调整，比如产城融合发展、园区的"腾笼换鸟""退二进三"或者"退二优二""工业上楼"等，因为涉及城市生产空间的重组和优化，因此也属于产业空间升级的范畴。

全面系统地理解产业的空间升级过程与机制是学术界亟待解答的重点议题。回到本章开始提到的跨区域产业协同各种空间组织形式，如果从理论上分析，本质上都可以归结为产业空间升级的不同形式。但是，对于这个问题的分析到此仅仅是开始。因为在调研中我们发现，无论是飞地园区、地理邻近的产业外溢，还是企业功能的空间分离，每一种情形的背后都有着"异常复杂而又艰难"的演化过程以及"兼具普适性和特殊性"的机制创新作支撑。

---

① 朱晟君、黄永源、胡晓辉：《多尺度视角下的产业价值链与空间升级研究框架与展望》，《地理科学进展》2020年第8期。

比如，第三章中"大产业的跨河空间溢出"的故事，表面看这是顺理成章自然会发生的事情，因为湘潭天易经开区与株洲千亿轨道产业集群所在地株洲田心仅一河之隔。根据经济学理论，发达地区的产业溢出具有典型的邻近效应，越接近创新发源地，地方承接产业的机会越大。但事实上，如果没有"关键企业家"的组织、没有地方政府"创新引导"、没有湘潭县产业工人、教育等公共服务的基础条件作支撑，这个故事的演绎可能将会换成另外一个脚本。

又如，第四章本来是一个"双向奔赴的发展故事"，因为飞出地有项目、有资源也有飞出去的强烈需求，飞入地有空间、缺项目、缺资金，理论是完全可以各取所需、通力合作，实现完美对接与发展合作。但是，飞地产业园区的建设与发展真正操作起来就会发现是困难重重，其中有政策的障碍、协调的桎梏，也有合作利益的分歧、发展方向的偏离。如果不去深入地剖析发展过程、触及运行机制，尤其是通过深度访谈了解其"背后的故事"，我们的认识可能会仅停留在这个故事"双向奔赴"的美好上。

当前，我国经济发展的空间结构正在发生深刻变化，中心城市和城市群正在成为承载发展要素的主要空间形式，也将是我国推动构建新发展格局与建设全国统一大市场的重要落点与空间载体，都市圈、城市群的产业协同发展既是趋势也是要求。

长株潭都市圈位于中国湖南省中东部，为长江中游城市群重要组成部分。2022年2月24日，国家发改委发布《国家发展改革委关于同意长株潭都市圈发展规划的复函》（简称《复函》），正式批复《长株潭都市圈发展规划》。长株潭都市圈成为继南京都市圈、福州都市圈、成都都市圈之后，国家发改委批复的第4个都市圈。在此之前，如果从1984年首提长株潭经济区算起，迄今长株潭一体化已走过了40年。长株潭一体化发展实践也被《南方周末》评价为"中国第一个自觉进行区域经济一体化实验的案例"。

　　出于对研究对象选择的典型性要求和团队已有研究基础等多方面因素的考虑，我们将本次调研对象选择为长株潭都市圈，研究重点落在都市圈产出协同发展的过程与机制上。

第二章

长株潭都市圈产业协同发展概览

作为全国较早开展区域经济一体化探索实践的区域，长株潭都市圈是研究都市圈产业协同发展过程和机制的理想样本。本章重点回顾长株潭一体化和产业协同发展的实践历程，并从实证的角度对长株潭都市圈产业协同发展的阶段过程、进展成效进行定量化刻画，力争为长株潭都市圈描绘出一幅产业协同发展的"全景图"①。

≫ 第一节 产业协同的实践历程

回顾长株潭一体化的发展历程，梳理长株潭一体发展过程中的产业协同发展实践，对深入探索都市圈产业协同发展的过程和机制具有重要的研究价值。

---

① 长株潭都市圈范围包括长沙市全域、株洲市中心城区及醴陵市、湘潭市中心城区及韶山市和湘潭县，面积1.89万平方千米，2021年常住人口1484万人，经济总量1.79万亿元。由于数据统计口径问题和历史沿革阐述的需要，本章有些地方论述的对象是指长株潭三市，但由于长株潭都市圈涵盖了长株潭三市的绝大部分，且为了不造成概念混淆，文中统一以长株潭都市圈行文。

一　产业协同的自然基础——"天然铁三角"的地缘格局

潇湘洙泗——长沙。长沙因长沙星而得名，发展历史可远溯西周，历代均为湖湘首邑和南方重镇，历经三千年沧桑，城名、城址不变，有"屈贾之乡""楚汉名城"之称。长沙市是首批国家历史文化名城，历经三千年城名、城址不变，有"屈贾之乡""楚汉名城""潇湘洙泗"之称，拥有马王堆汉墓、四羊方尊、三国吴简、岳麓书院、铜官窑等历史遗迹，拥有"经世致用、兼收并蓄"的湖湘文化。长沙是中国（大陆）国际形象最佳城市、东亚文化之都、世界"媒体艺术之都"，打造了"电视湘军""出版湘军""动漫湘军"等文化品牌。长沙有高校58所，独立科研机构97家，两院院士52名，国家工程技术研究中心14家，国家重点工程实验室15个。

动力之都——株洲。株洲古称建宁，位于湖南东部、湘江下游，远古时期，株洲地区就有先民生息繁衍，炎陵县鹿原陂安葬着中华民族的始祖炎帝神农氏。据考古发现，在株洲县漂沙井黄霞垅磨山有6000年前属于新石器时代早期的大溪文化遗址，以及叠在其上的4000多年前属于新石器时代晚期的龙山文化遗址。株洲市是新中国成立后首批重点建设的八个工业城市之一，是中国老工业基地。京广铁路和沪昆铁路在此交会，成为中国重要的"十字形"铁路枢纽。2013年7月，株洲提出打造"中国动力谷"的战略构想：以转方式、调结构为宗旨，以最先进的机车牵引引擎、最强大的航空动力引擎和最环保的汽车动力引擎为核心助推器，着力打造当今的"中国动力谷"和未来的"世界动力谷"。

伟人故里——湘潭。湘潭位于湖南中部，湘江中游，因盛产湘莲而别称"莲城"，又称"潭城"。商周时期，市境为荆楚之地，是中原文化和南方文化交汇融合地区。南朝开始建县,是湖湘文化的重要发祥地,诞生了蜀汉名相蒋琬、晚清重臣曾国藩、世界文化名人齐白石以及王闿运、杨度等近代文化大家。走出了一代伟人毛泽东、开国元勋彭德怀、开国大将陈赓、谭政等老一辈革命家。湘潭由于拥有良好的内河港口,在清朝时已成为湖南的重要商埠,有"小南京""金湘潭"的美誉。在新中国成立初期,湘潭市就被列为中国中南地区重点建设城市之一。

产业布局是人类依据空间地理条件将生产活动在地理空间上进行的合理分布。其间,空间地理格局是实现产业布局、推进产业协同发展的重要考量。从地理空间来看,长株潭城市群位于长江支流湘江中下游,长沙、株洲、湘潭三市沿湘江呈"品"字形分布,两两相距约30—40千米,结构紧凑,其空间地理格局具有推动产业协同发展的天然基础和优势。

二 一体化发展历程:从各自为政到同舟共济

早在20世纪50年代,曾有专家提出将三市合并、共建"毛泽东城"的构想,折射出湖南人民对拥有一座大城市的渴望。梳理长株潭一体化的历程,大致可分为如下几个阶段。

1. 酝酿阶段:1982—1984年

1982年,中央批准设立深圳、珠海、汕头和厦门四个经济特区,改革浪潮风云激荡,其时湖南的发展却令人忧虑,最大城市是省会长沙,全国城市排名却在30位开外。在此背景下,原湖南省社会科学院副院长张萍研究员以省政协提案的形式,建议"把长沙、株洲、湘潭在经济上联结起来,逐步形成湖南的综合经济中心",该建议引起了各界的广泛关注。两年后,经过认真调研,张萍研究员撰写的《关于建立长株潭经济区的方案》(以下简称

《方案》）得以提交湖南省委常委会会议专题讨论，并形成了《关于建立长株潭三市经济区的问题的纪要》（以下简称《纪要》）。

张萍研究员提交《方案》的总体构想是：一是联合，发展多层次、多形式的横向经济联合，组织各种经济网络；二是规划，共同制定区域总的发展规划，扬长避短，避免重复建设，构筑新的优势；三是先行，在三市的接合部划出一块，联合建立经济技术开发区。湖南省委常委会会议《纪要》明确，长株潭经济区"它不是一级行政层次，而是打破行政区划，把横向的经济联系用网络联结起来的经济联合体"。《纪要》还提出把长株潭三市建成湖南的多功能综合经济中心，将建立和搞好长株潭经济区作为振兴湖南经济的战略重点，要求省直各部门给予支持；提出建立长株潭经济区规划办公室，建立长株潭经济技术开发协调会议制度。

2. 初试阶段：1985—1986 年

1985 年，长株潭规划办公室成立，长株潭三市抽调人员联署办公，张萍研究员出任办公室主任，主持日常工作。1985 年 1 月 24 日，湖南省副省长陈邦柱主持召开首届长株潭三市市长联席会议，《方案》进入实施阶段。长株潭经济区的横空出世，在国内外引起了巨大的社会反响。

这个阶段虽然时间不长，但在长株潭规划办公室的领导下，三市多部门通力合作取得了不俗的成绩。1986 年 6 月，湖南省委再次召开了长株潭三市市长联席会议，会议决定从大项目的联合开发入手，推动实施十大重点工程，即建立三市资金拆借市场、票据同城交换、对重大项目组织银团贷款、交通协调、统一电话区号、三地电厂扩容、统一三地的城市规划、共同治污、在三市结合部联合建立开发区和进行企业整合。十大重点工程建设取得了突破性进展，比如在国内首次实现了银行结算票据异地直接交换和建立同业资金拆借市场，实现三市电话区号的同城化，开始推进长株潭城市总体布局，联合推进湘江污染治理。这些重点工程的推进实施极大地推动了长株潭经济区的建设，也为长株潭产业协同发展奠定了基础。

3. 十年搁浅：1987—1996 年

1985 年，在湖南省第五次党代会和 1986 年省人民代表大会期间，有一些代表认为，"长株潭是湖南经济最发达的区域，还作为战略重点，这太不公平"。受这些观点以及区域均衡发展思想影响，湖南省委领导层对于是否进一步推动长株潭一体化出现了意见分歧，长株潭规划办公室逐渐形同虚设，一体化工作开展步履维艰。1987 年 5 月，张萍研究员辞去长株潭规划办公室主任，长株潭经济区建设停摆，长株潭一体化于此进入了十年的停顿期。

4. 十年实干：1997—2006 年

长株潭一体化停顿这 10 年间，国内其他区域的经济一体化却蓬勃发展，虽然同期湖南也确定了"一点一线"战略，但因涉及范围过大，导致力量较为分散，难以形成发展合力，外部经济形势形成的无形压力使湖南意识到：作为内陆省份，没有强大的中心城市，"小马拉大车"的发展格局就难以改变，在全国区域经济分工中的被动地位就会持续下去。在此背景下，由湘潭市发出倡议，并得到了长沙和株洲两市积极响应，长株潭经济区建设重新启动。1996 年，长株潭三市与湖南省社科院在株洲召开"长株潭经济区发展研讨会"，引起了省委决策者的重视。1997 年 3 月，湖南省委主要领导主持召开"长株潭座谈会"，成立以湖南省委副书记储波同志任组长的长株潭经济一体化协调领导小组。至此，长株潭经济一体化概念被正式提出。

1997—2006 年，长株潭经济一体化建设进入快车道，取得显著成效：一是区域规划体系基本形成。2005年10月，湖南省人民政府正式批准《长株潭城市群区域发展规划》，出台《长株潭经济一体化"十一五"规划》等，基本完成了长株潭经济一体化的规划体系框架。二是"五同格局"基本形成。长株潭城市群初步形成交通同环、电力同网、信息同享、金融同城、环境同治的发展格局，为推动经济一体化构筑了坚实的基础。三是城市空间逐步融合，为了促进长株潭一体化，省政府南迁至，株洲沿湘江向湘潭方向拓展，湘潭则在河东向长沙方向发展，同时株洲和湘潭两市将行政中心迁入新城，长沙南扩、湘潭东拓、株洲西进，三市城区相向拓展。与此同时，三市共同签署《长株潭区域合作框架协议》《长株潭环保合作协议》《长株潭工业合作协议》《长株潭科技合作协议》等，合作协议的签署，为加速长株潭经济一体化进程奠定了坚实的制度基础。

5. 十年改革：2008—2017年

2007年12月，长株潭城市群获批全国资源节约型和环境友好型社会建设综合配套改革试验区。以此为契机，湖南在体制机制上先行先试大胆创新，确立了"省统筹、市为主、市场化"原则，三市基础设施、公共服务、环境治理、产业布局进入一体化发展"快车道"。在顶层设计方面，湖南省设置了高规格的统筹协调机构——中共湖南省长株潭"两型社会"建设综合配套改革试验区工作委员会，负责长株潭城市群规划修编、制定大政方针以及两型标准和评价体系。2009年年初，湖南省委设立湖南省长株潭"两型社会"建设改革试验区领导协调委员会办公室。其间，先后出台了《长株潭城市群生态绿心地区总体规划》《长株潭城市群生态绿心地区保护条例》等，对长沙坪塘、株洲清水塘、湘潭竹埠港开展重生式治理，几大传统工业集聚区脱胎换骨发生生态蝶变。

在此期间，长株潭三市以推动全方位互联互通、多层次共建共享为抓手的"同城化"呈现多点开花态势。2016年，长株潭城际铁路开通运营，三市交通互联进入"轨道上的长株潭"的新阶段。同时，交通格局逐步形成涵盖高铁、城铁、高速、城际快速道、公交、航道等在内的立体交通网络，实现了"域外大联通、域内微循环"。在交通融城强力支撑下，三市立足产业分工，以产业集群发展的思路推进产业一体化，工程机械、轨道交通、汽车制造、新材料、电子信息、新能源等产业不断发展壮大并迈向中高端，三市产业进入协同发展的新阶段。

6. 深度融合：2018年至今

近年来，长株潭都市圈按照"一极一枢纽五区"的发展定位[1]，从体制机制、规划编制、基础设施，到产业科技、生态环境、民生服务，实现规划、产业和服务"三位一体"和产销互供、招培互补、人才互动。在空间拓展和融城发展方面，加快构建统一规划体系，并启动四大融城片区的规划建设。基础设施互通互联方面，合作共建冷链物流基地，打造共同配送网络，推动三市货运车辆牌照互认、长株潭岳四地组合港建设。联合怀化市编制《长沙—株洲—湘潭—怀化国家综合货运枢纽补链强链三年实施方案》，积极推进融城快速干线公路建设。通过这些举措，着力提升长株潭都市圈对产业和人口的综合集聚能力，不断提升长株潭都市圈发展能级。

在产业协同发展上，长株潭三市积极探索产业协同发展协调机制，搭建统一招商引资和服务平台，成立长株潭产业协同发展联

---

[1] 湖南省提出，在"十四五"期间，将长株潭都市圈打造成为全国重要增长极、全国都市圈同城化发展示范区、国家综合交通物流枢纽、全国都市圈生态文明建设样板区、全国高质量公共服务典型区、全国高标准市场体系建设先行区、全国一流营商环境引领区。

盟，发挥"四长联动"作用，推动三市优势产业协同发展。全力打造"3+N"先进产业集群，即打造工程机械智能制造、轨道交通、航天航空三大世界级产业集群，打造先进电传动及风电装备、先进储能材料、食品及农产品加工、汽车及零部件、生物医药等N个先进产业集群。作为三市产业协同发展的重要突破口，三市协同打造工程机械、智能制造、轨道交通、航天航空等10条优势产业链，提升长株潭都市圈的竞争力。

>>> 第二节 产业协同的总体概况

都市圈产业的协同发展往往与经济水平的提升、城市空间的拓展同步演进。本节将采用夜间灯光数据和熵权系数评价综合反映长株潭都市圈产业协同发展总体概况，这两种方法前者可形象地呈现经济发展活跃度以及经济活动的空间分布格局，后者可以反映长株潭都市圈各阶段产业协同程度变化的大致情况。

一 长株潭都市圈产业集聚程度逐渐增强

"夜间灯光遥感"常被视为观察区域经济发展时空变化的"眼睛"，如今已成为研究城市经济活跃程度以及经济空间分布的重要手段。通过夜间灯光数据，可以从中推测城市空间结构和社会经济特征，估算经济指标，利用地形分析和拓扑分析的方法，分析城市的中心或多中心结构空间形态，形象地展示经济发展水平和空间分布格局，识别和梳理城市群的演化过程与模式。

为了从更大范围观察长株潭都市圈的产业空间分布格局及其演进情况，我们将观察范围放大至"3+6"环长株潭城市群。从空间范围内的夜间灯光效果图的变化可以看出，第一，长株潭都市圈是湖南省经济最发达和人口最集中的地区，发展程度明显高于其他区域，且这种差距对比越来越明显；第二，随着长株潭一体化的不断推进，长株潭都市圈的亮度不断增加，说明近年来长株潭都市圈的经济发展水平取得了显著提升，而产业是经济的重要支撑，也间接说明长株潭都市圈产业的整体发展水平在逐年提高；第三，长株潭都市圈在空间维度上在不断向外拓展，表现出都市圈对周边区域较强的辐射带动效应。

夜间灯光效果图的光斑大小变化，也在一定程度上反映了一体化推进的进展和成效。具体而言，1992年的灯光图光斑较小，对应的是长株潭一体化的酝酿、初试和停滞期间的情况，1998年灯光光斑与1992年相比变化不大，与此对应的是长株潭一体化刚刚进入实质性推进阶段。

从1998年到2004年，再到2010年的灯光效果图，可以明显发现长株潭三市的夜间灯光亮度明显增强，光斑明显扩大且相向靠拢。与此对应的是长株潭三市经济发展取得了骄人的成绩，2005年成为一个重要节点，其时长株潭三市GDP首次超过武汉；三市城市化率达48%，高出全省平均水平11个百分点，位居中部六省前列；三市以占全省18.9%的人口、13.3%的国土面积贡献了湖南全省36%的财政一般公共预算收入、50%的国内外投资、74%的对外贸易。

将2010年与2016年的灯光效果图进行对比，可以发现长株潭三市的光斑大小明显加大，同时三市的光斑相向拓展靠拢。在此期间，长株潭地区以湖南1/7的面积吸引了湖南20%左右的人口的同时创造的经济总量接近湖南全省的一半。但长株潭三个城市之间发展差异很大，长沙GDP已经破万亿元，株洲和湘潭的GDP都没有超过3000亿元。

将2022年的夜间灯光效果图与2016年的相比，可以发现长株潭三市2022年的光斑大小和强度有明显减小，这反映了在新冠疫情和国际严峻复杂外部形势的冲击下，区域经济发展也受到了很大的冲击与影响，经济活跃度明显减弱。

二 产业总体发展水平协同度变化趋势

我们使用熵权评价方法对长株潭都市圈产业发展协同情况进行测度，具体指标构成如表2-1所示①。

表2-1　　长株潭都市圈产业发展协同评价指标体系

选取指标	指标说明	指标属性
工业增加值	当年价（亿元）	正向
建筑业增加值	当年价（亿元）	正向
批发和零售业增加值	当年价（亿元）	正向
交通运输仓储和邮政业增加值	当年价（亿元）	正向
住宿和餐饮业增加值	当年价（亿元）	正向
金融业增加值	当年价（亿元）	正向
房地产增加值	当年价（亿元）	正向
从业人员	常住人口（万人）	正向
出口总值	万美元	正向
进口总值	万美元	正向

由于熵值法是常用的经典多指标综合加权评价方法，故在此不赘述其原理和评价流程，直接给出长株潭都市圈产业协同水平时

---

① 覃剑：《三维度视角下的大湾区产业高水平协同发展》，《开放导报》2023年第3期。

序图①，参见图 2-1。

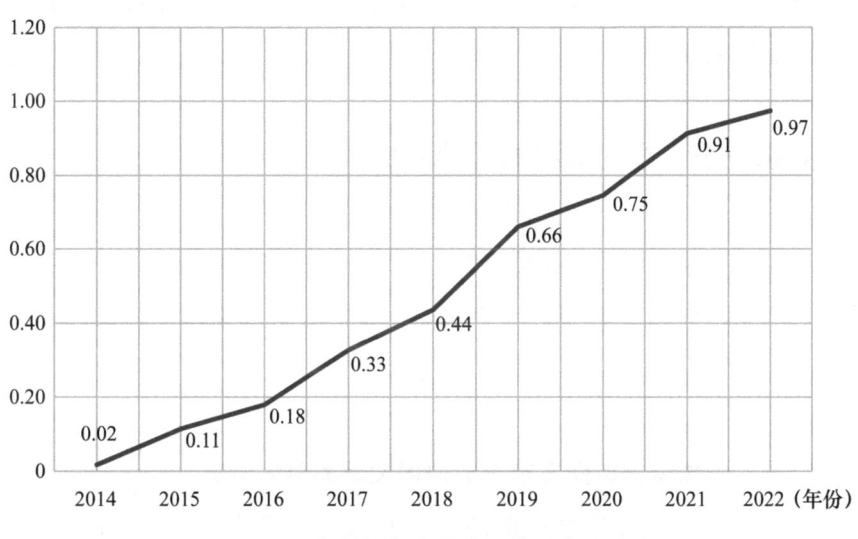

图 2-1 长株潭都市圈产业协同水平时序

资料来源：根据中经网省级数据库相应指标测算。

从长株潭都市圈产业协同发展的总体水平变化趋势可以看出，都市圈产业协同发展指数从 2014 年的 0.02 稳步增加至 2019 年的 0.97，基本上保持较快上升态势。即使在三年疫情期间，产业协同发展的步频和步幅没有出现明显变化。长株潭产业协同的快速发展，极大地推动优化了整个都市圈产业分工和生产力布局，提升了产业基础高级化和产业链现代化水平，增强了长株潭都市圈产业体系整体效能。

虽然由于数据所限，我们不能将长株潭一体化全过程的产业协同发展程度进行定量测量，但是从 2014—2022 年长株潭都市圈产

---

① 数据受可得性限制，选取 2014—2022 年的时段进行展示，这也是产业协同变动较快的时期。

业协同发展水平时序演进情况看,凡是长株潭一体化进展顺利的时期,产业协同发展水平就提升较快,长株潭经济总体规模增长速度也明显加快。

第三节　产业协同的延伸分析

为了更深入地了解长株潭都市圈产业协同发展情况,接下来我们将视角转向市级层面、产业层面,具体分析长株潭三市的产业协同发展情况①。

一　长株潭都市圈三市产业协同发展的总体情况

经过测算,长株潭都市圈三市产业协同发展指数如表2-2所示。

表2-2　　　长株潭三市产业协同发展评价结果

年份 地区	2014	2015	2016	2017	2018	2019	2020	2021	2022
长沙	0.48	0.53	0.56	0.63	0.70	0.81	0.86	0.94	0.98
株洲	0.05	0.05	0.05	0.06	0.07	0.11	0.12	0.13	0.14
湘潭	0.01	0.01	0.01	0.04	0.04	0.07	0.07	0.09	0.09

资料来源:中经网省级数据库。

从表2-2可以看出,2014年以来,长株潭都市圈三市产业协同发展指数在2014—2022年基本上保持较快上升态势:一是长株潭都市圈的产业协同发展呈现出积极的态势。这种协同发展模式

---

① 实习生澳洲国立大学牟迪同学帮忙完成了部分数据收集与分析工作。

有助于提高区域经济的整体效率，减少资源浪费，实现更高效的发展。二是面对全球疫情等外部挑战，产业协同发展并未受到严重影响，反而保持了稳定的增长态势。这表明长株潭都市圈各市具有较好的抵御外部风险的能力，其经济发展具有较高的稳定性和可持续性。三是从三市间产业发展水平差异性来看，长沙与株洲、湘潭产业发展水平之间的差异明显高于株洲、湘潭之间的差异。

二 长株潭都市圈二、三产业跨区空间分工与协同集聚情况

借鉴安礼伟等[1]及陈国亮等[2]的方法，构建了商务成本评价指标体系（见表2-3），重点分析长株潭都市圈商务成本变化情况。在此基础上，借鉴区位商指标，刻画了2005—2019年长株潭三市两位数制造行业和6种生产性服务业[3]在商务成本驱动下的空间分布演化情况。

表2-3　　　　　　　　商务成本指数评价体系

一级指标	二级指标	指标属性	指标权重
要素成本指数（1）	人力要素成本	正向指标	16
	土地租金成本	正向指标	21
	水气成本	正向指标	6
	合计		43

---

[1] 安礼伟、李锋、赵曙东：《长三角5城市商务成本比较研究》，《管理世界》2004年第8期。
[2] 陈国亮、唐根年：《基于互联网视角的二三产业空间非一体化研究》，《中国工业经济》2016年第8期。
[3] 这6种生产性服务业分别为：交通运输、仓储和邮政业，信息传输、计算机服务和软件业，金融业，房地产业，租赁和商务服务业，科学研究、技术服务和地质勘查业。

续表

一级指标	二级指标	指标属性	指标权重
交易成本指数（2）	基础设施	逆向指标	10
	信息获取成本	逆向指标	9
	金融服务便利程度	逆向指标	7
	产业集聚程度	逆向指标	8
	企业税费负担	正向指标	12
	人力资本可得性	逆向指标	11
	合计		57
商务成本指数（1）+（2）	合计		100

测算方法上，首先计算每个指标的极差，然后对各项评价指标作无量纲化处理，并将该无量纲化值乘以权重得到商务成本指数。从研究结果看，要素成本波动变化（见表2-4），2005年长沙的要素成本指数（37.00）虽明显高于株洲（4.88）和湘潭（11.50），由于长沙制造业集聚程度从2005年的0.82升至2019年的0.88，而周边城市株洲和湘潭的制造业集聚水平总体上出现一定程度的下降，没有证据显示长沙制造业向株洲、湘潭转移，原因可能是长沙的制造业远未达到饱和，抑或其制造业并非成本敏感性行业。相应地，长沙的交易成本指数低于株洲和湘潭，但差距却在逐年缩小（见表2-4），株洲交易成本指数在分析期内略有降低，长沙、湘潭均波动上升。株洲、湘潭地区的部分生产性服务业向中心城市长沙转移动力还不明显，三市的服务业集聚程度出现波动，没有明显上升趋势，说明二、三产业在单个区域仍以"互补效应"为主，还没有出现明显的"挤出效应"。

表 2-4　　长株潭三市商务成本指数评价结果

城市	年份	要素成本指数	交易成本指数	商务成本指数
长沙	2005	37.00	20.00	57.00
	2010	43.00	26.86	69.86
	2015	43.00	24.44	67.44
	2019	43.00	27.96	70.96
株洲	2005	4.88	36.39	41.28
	2010	9.69	37.28	46.97
	2015	6.02	35.65	41.67
	2019	8.59	34.37	42.96
湘潭	2005	11.50	30.19	41.68
	2010	4.82	39.04	43.86
	2015	4.97	35.19	40.16
	2019	5.43	34.25	39.67

资料来源：《湖南省统计年鉴》和各市《经济统计年鉴》及《城市统计年鉴》。

从空间关系看，中心城市和次区域二、三产业空间分工主要表现为城市间的功能分工，表 2-5 中数据反映了长株潭都市圈二、三产业空间分工演化情况。总体来看，2005 年长沙的空间分工水平 FS 值[①]远远高于株洲和湘潭的平均水平，说明在长株潭都市圈，长沙以服务功能为主，而株洲、湘潭制造业相对比较集中。随着地区间要素成本差距不断扩大和交易成本差距不断缩小，长沙与株洲、湘潭的二、三产业空间分工发生变化，区域间分工趋势反倒弱化，尤其是 2019 年长沙的 FS 值上升至 1.30，株洲、湘潭在 2005—2019 年 FS 值也呈现上升态势，特别是湘潭 2015 年与 2019

---

① FS 值是衡量城市间功能分工的一个指标，其值大于 1，说明服务部门在该城市相对比较集中，反之则指生产部门在该城市相对比较集中，需要注意的是相对集中，并非集聚总量。

年 FS 值均大于 1，说明长沙的服务功能有所增强，湘潭也向以服务功能为主的方向发展，而株洲依然专注于生产制造，但生产性服务的配套性功能有所加强。说明长株潭都市圈产业空间结构已经从"全产业极化"向"多点跨产业协同"转换，城市体系从高首位度向扁平化方向转变，其中长沙的分工指数（1.30）大于湘潭（1.03），说明长沙的服务功能要强于湘潭，这种"产业多点集聚"的空间结构具有一定等级差异。

表 2-5　长株潭三市制造业与服务业空间分工水平演进情况

	年份	长沙	株洲	湘潭
制造业集聚程度	2005	0.82	1.43	1.13
	2010	0.99	1.34	1.01
	2015	1.02	1.18	0.65
	2019	0.88	1.27	0.74
服务业集聚程度	2005	1.04	0.78	0.73
	2010	0.99	0.84	0.66
	2015	1.03	0.84	1.38
	2019	1.14	0.80	0.76
空间分工水平	2005	1.27	0.55	0.65
	2010	1.00	0.62	0.65
	2015	1.02	0.71	2.14
	2019	1.30	0.63	1.03

资料来源：《湖南省统计年鉴》和各市《经济统计年鉴》及《城市统计年鉴》。

第三章

地理空间邻近的显著优势

　　地理空间邻近性一直是传统空间经济学的核心，也是产业集聚、产业布局等领域研究的热点问题。本章重点阐述长株潭都市圈的株洲市轨道交通产业就近向周边的湘潭天易经开区溢出的过程与机制。在这个过程中，核心企业与地方的互动、衍生关系，以及对劳动力的特殊要求共同决定了株洲轨道交通产业显著的集聚与溢出特征。通过多行为主体间的相互协同，区域产业网络、创新网络得以建构，并最终为地理空间邻近区域带来产业竞争力的大幅提升。

>>> 第一节　大产业的跨河空间溢出

　　进入21世纪，全球化与本土化成为经济发展的两个重要主题。一方面，跨国公司和产业链龙头企业为节约成本，不断将非核心产业向外转移，在地方形成多个集聚中心，为地方产业发展带来了机遇。发达地区的产业溢出具有典型的邻近效应，越接近创新发源地，地方承接产业的机会越大，这一理论能有效解释天易轨道交通配套产业园承接株洲轨道装备产业溢出的必然性。另一方面，随着智能制造等理念的提出和应用，跨国公司或龙头企业的标准化生产流程也让地方产业更容易被替代，为保持核心竞争力，天易轨道交通配套产业园在产业链合作、地方文化融合、区域协同等方面与创新源地株洲高新区建立了密切的联系，形成了复杂的网络，进而保证了地方的核心竞争力和发展活力。

一 大产业的崛起：农业小镇集聚出来的千亿产业集群

一杯咖啡的时间可以做什么？在这个从以农业为主的小镇成长为全球最大轨道交通装备研制基地、全国最大轨道交通装备产业研发生产和出口基地的工业城市——株洲，一杯咖啡的时间，能集齐生产一台电力机车所需的上万个零部件。

2022年，株洲的轨道交通装备产业集群总体规模达到1507亿元，株洲轨道交通产业链上集聚了研发设计、生产制造、运营维保等上下游企业425家，规上企业209家、高新技术企业126家、上市企业和挂牌企业59家、国家专精特新"小巨人"11家、国家单项冠军3家，本地配套率80%以上，产业集聚度全球第一，动车组出口份额全国第一，牵引系统等核心零部件国内外市场占有率均居第一，产品出口到全球100多个国家和地区，是全国该行业产业规模最大、产业链条最完整、产品谱系最全、产业生态最完善、创新实力最强的国家首批先进制造业集群、中国制造"走出去"的亮丽名片。

"一杯咖啡"的背后，是中车株机、中车电机、中车株洲所三家轨道交通龙头企业与上下游400余家企业所产生的集聚效应。这也是株洲轨道交通从蒸汽机车到电力机车，从直流到交流，从常速到高速，从普载到重载，从进口到出口的一次次历史性跨越，才形成规模最大、产品门类最齐全、产业链最完整的轨道交通装备产业集聚区。综观株洲轨道交通产业集聚的历程，大体可划分为三个阶段。

1. 区位优势让株洲轨道交通从"田心"稻田地里开始"跟跑"

根据《株洲电力机车厂厂志》记载，1936年，粤汉铁路在株洲全线贯通，鉴于株洲地处粤汉、浙赣、湘黔三路交会要冲地带，决定在株洲田心成立蒸汽机车修理厂，主要承接粤汉、浙赣等铁路小量修理和配件生产。同年8月1日，在株洲田心这片稻田里打下了株洲轨道交通装备产业的第一根桩基。1937年，株萍铁路与浙赣铁路连接，使得株洲成为粤汉铁路和浙赣铁路的战略交会点。在全国大多数地区还未通火车之际，株洲已成为三条主要干线铁路的交会之地。1949年8月，株洲解放，由小镇升级为湘潭县株洲区，解放军中南军区运输指挥部将修理厂改名为"株洲铁路工厂"。1953年，株洲从一个小镇蜕变为地级市，同时，国家启动首个五年计划，将株洲列入了全国八个重点工业城市之一，苏联援助中国156项重点工程有4项落户株洲，为其工业快速发展创造了条件，各地人才、设备沿着铁路汇聚而来。

株机成为全国修理蒸汽机车"最牛"的单位，但中国铁路上还没有电力机车的影子。"当年厂里一共1000人左右，现代工业基础薄弱，我们只能翻修蒸汽机车，而那时，发达国家已在运营干线电力机车。"1957年就来到株洲田心机车车辆工厂（中车株机）工作的工程师梁钧颐回忆道[①]。1957年12月，一机部、铁道部和部分高等院校组成考察团赴苏联进行电力机车考察，考察团参照苏联H60型电力机车，制定了仿制苏联H60型国产电力机车的设计任务书和技术设计方案。1958年，国家将研制电力机车的

---

① 田双双：《两代南车人见证株洲工业大变迁》，《株洲日报》2011年5月31日。

任务交给了田心机车车辆厂和湘潭电机厂。1958年12月28日由铁道部田心机车车辆工厂（中车株机）生产的中国第一台干线电力机车成功下线，拉开中国铁路电气化建设序幕。

铁路的出现改变了株洲的经济地理区位，随着时间的推移，使株洲逐步成为铁路网络的重要节点，成为资源、要素、产品走向更广阔市场的必经中转之地，与之相关的产业链也得到了蓬勃发展，便捷的交通也为株洲成为工业集聚地创造了交通、技术、人才、资金、政策等条件。

2. 向专业制造转型是株洲轨道交通"并跑"的重要开端

机会，总是垂青有准备的人。1978年7月，铁道部明确提出把电力机车作为铁路机车发展主方向，组建专业制造电力机车厂家。当时株机在修理蒸汽机车上已首屈一指，想转产干线电力机车。株机抢抓了这个机遇，获准全面转产干线电力机车。1978年10月28日，株机修理的最后一台蒸汽机车开出车间。自此，株机正式停止蒸汽机车修理，向电力机车专业制造转型。株机的这个转型决定了株洲轨道交通的未来，同时也为中国机车车辆工业现代化指明了方向，奠定了基础。

由此，株机展开了一系列交流、合作、学习：与西欧五十赫兹集团合作生产8K电力机车，39位法国专家前来进行技术交流，株机22个团组赴国外培训，30个技术转让项目签约，与西门子合作生产万吨重载列车……①

付出巨大，回报亦丰厚。1990年，株洲已经有54条、长145千米、连接32家大中型企业的铁路专用线。1996年成功研制了中国首台交流电传动国产机车（AC4000），标志着我国电力机车进

---

① 周怀立、吴镛等：《永做中国轨道交通装备现代化的"火车头"》，《湖南日报》2018年9月30日。

入交流时代。到20世纪90年代末期，中国机车开始远销海外。

"出口到伊朗的车，共有76辆由我负责交付。"全国劳动模范路克难回忆道。伊朗驻上海的商务督办对机车要求苛刻，内部技术要达标，外观质量也要优秀。"一般进货商都是用手触摸外壳油漆以检验是否光滑，而伊朗检验人员则用脸来感受。"直到一天，路克难接到伊朗方检验人员的电话"我想我不用再来了，中国的车，非常OK！"。自此，株洲所生产的电力机车获得伊朗的免检①。

3. 创新让株洲轨道交通产业成为世界"领跑"

工业革命时期的技术创新，促进了集聚经济的形成并加强了经济活动的集中趋势。历经数十载的积累、发酵、裂变，株洲轨道交通产业在2010年前后迎来大发展。世界首列储能式轻轨列车诞生，中低速磁浮列车受到世界瞩目，各种高端定制货车、运输高效能的"物流神器"亮相，到现今研制了全球最大功率电力机车、全球首列智轨列车、全国首列商用中低速磁浮列车、国内首列满足TSI标准双层动车组等重大产品。这些成就的获得与株洲轨道交通产业集群较高的平均研发投入强度息息相关。其中，中车株机公司研发投入强度达9.0%，中车株洲所研发投入强度达12.0%。

株洲轨道交通产业拥有行业唯一一家国家制造业创新中心（以下简称"国创中心"），形成了独特的"厂所结合"创新模式，并形成了以国创中心为核心，以全国重点实验室、国家工程研究中心等29家国家级创新平台为支点，73家省级创新平台为结点的网络化创新生态系统，贯通了从应用基础研究到产业化的全链条。国创中心副主任陈建雄介绍，中心充分利用全球高端智慧资源，积极参与引进、消化、吸收、再创新工程，在完全自主掌

---

① 田双双：《两代南车人见证株洲工业大变迁》，《株洲日报》2011年5月31日。

握交流传动系统集成、网络控制、信息监控等核心技术后,向着"无人区"继续挺进。现通过整合产业内及高校资源,帮助解决轨道交通领域上下游的共性技术问题,打造了智能运维、激光先进制造、新能源、新材料、基础器件五大产业板块,攻克了激光加工、氢燃料系统、隔音降噪等20余项行业难题,形成了以刘友梅、丁荣军、田红旗3位行业院士为核心,以"万人计划"专家、国务院政府特殊津贴专家、核心人才专家等为引领的研发创新梯队。

研发创新的协同与地理空间的集聚让株洲轨道交通达成了"1+1>2"的效果。株洲轨道交通装备产业以中车株机为龙头的整车系统集成板块,以中车株洲所、中车株洲电机等关键核心部件系统板块,以联诚集团、九方装备等配套部件板块,以中车投资控股、中车物流等金融、物流配套板块,形成了上游设计、中游生产、下游服务的集"产品研发—生产制造—售后服务—物流配送"于一体的完整成熟产业链供应链,以百亿企业为龙头、十亿企业为支撑、科技型中小微企业为基础的创新型企业集聚区。2021年本地综合配套率超过82%,创新型企业集聚区共达334家,从业人员达12.1万人,行业集聚度全球首屈一指。

二 大产业的困境:轨道交通产业发展的弊端和挑战

经过80多年的发展,株洲已从"中国电力机车摇篮"成长为"中国电力机车之都""全球最大轨道交通装备研发生产基地",成为电力机车研制领域的"世界坐标"。株洲轨道交通产业从区域生产网络中已融入全球价值链、全球生产网络中,然而,对标国际知名轨道交通产业集群以及国内发达地区的先进制造业集群,株洲轨道交通产业还存在一些弊端和挑战,迫切需要重新调整发展模式,通过产业升级来提升产业竞争力。

产业升级指的是鼓励和推动轨道交通产业逐步从低技术生产转变至中高技术的生产、从低端升级至高端生产、从价值链的低附加值环节进入中高附加值环节①。全球化促使株洲轨道交通企业获得新知识和技术，有利于轨道交通产业获得新产能，提升竞争力，同时也会促使低附加值、低技术的生产企业转移出去。从外部宏观格局和行业政策来看，全球化使得轨道交通行业面临的竞争态势进一步加剧，促使株洲轨道交通产业升级。

一方面，株洲轨道交通面临的市场竞争日益加剧。由于市场全球化加深，大国间战略博弈、贸易摩擦加剧以及受新冠疫情影响，株洲轨道交通产业的全球产业链供应链循环受到较大影响，中车株机等主机企业面临国际市场拓展的巨大压力。国内市场方面，随着轨道交通装备市场、铁路运营权全面放开，外资准入门槛进一步降低，各类轨道交通投资主体和运营主体加速涌入，青岛、长春等具备较全高铁、动车生产资质的城市以及一些头部企业加快布局轨道交通全产业链，新业态竞争态势逐渐凸显。另一方面，轨道交通行业增长预期逐步趋缓。根据国家发改委、交通运输部、国家铁路局、国铁集团四部门下发的《关于进一步做好铁路规划建设工作的意见》，国家对国内轨道交通建设项目调控力度不断加大，国内市场空间不断缩减，在当前大环境下，各核心企业普遍存在"吃不饱"的情况。

为维持和提升轨道交通产业的竞争力，地方政府通过提高对入驻企业的目标要求将部分低端、同质的中小企业转移出去，同时轨道交通企业的高度集聚使区域有限的空间和要素资源不断减少，使得中小企业生存空间被挤压、利润空间减小，促使部分中小产

---

① 朱晟君、王翀：《制造业重构背景下的中国经济地理研究转向》，《地理科学进展》2018年第7期。

业不得不寻求新的发展空间，从而推动产业的空间升级。

株洲石峰区作为轨道交通产业最为集中区域，在土地、人才等要素资源以及基础设施、生活设施、公共资源、生活服务等方面存在供给不足。根据调研发现，2022年株洲市高新区亩均税收达30.22万元/亩，亩均产值达1352.22万元/亩，亩均固定资产投资达353.81万元/亩，这对部分中小配套企业来说很难达到平均值。"当时由于快速扩张裂变，造成了企业场地的压缩，还有株洲那边是国家级园区的定位，它的门槛确实很高，很多小型企业是慢慢成长起来的，并不是说一下子可以做大。"一位企业老总在调研座谈中如实回答我们。人才引进难度大、技能型人才面临断层等也是产业发展中的重要问题。石峰区的教育、医疗、薪酬、子女入学、生活配套等公共资源供给成为人才引进的最大短板。在企业现场调研中，"技能型人才紧缺""生产工人年龄偏大，缺乏技术设计人员"等问题被频频提及。在企业提出的建议中，基本涉及"人才引进困难""人才流失问题大"优秀人才"不愿来""留不住"，以及已有专业技术人才"离职潮"等现实难题。

另一方面，株洲轨道交通产业需要发展更多高附加值的企业来应对日益严峻的竞争压力。根据对轨道交通产业较为集中的石峰区78家规上企业调研结果来看，轨道交通装备制造业63家（占比接近80.8%），且属于机械加工与锻造配套企业有39家，同质化竞争严重，整体处于价值链的低端，而涉及轨道交通智能信息化设备、试验检测装置等高附加值类型的企业数量占比很小，在工程总包、通信信号、车站系统、车辆段业务等"轨下""路外"业务板块小而散，尚未形成体系和规模。株洲轨道交通需要向价值链两端拓展，促使同质化、产值低的中小配套企业外迁转移。

地方政府对轨道交通产业实施的经济政策和相关法规在产业升

级和引导企业布局方面同样发挥着重要作用。株洲现有产业支持政策在产业激励、招商引智、创新奖补、绩效激励等方面政策"含金量"不足,在基础设施建设、产业园区升级、优质公共资源配置等方面推进缓慢,资源要素投入较为滞后。株洲国有龙头企业集聚了90%以上的国家重点实验室、国家级工程技术(研究)中心等高端创新资源,以及绝大多数高端团队和高层次人才,中小配套企业中拥有博士学位或高级职称的人才极度匮乏,因技术水平、生产规模等因素制约,未能同步跟进主机企业产品更新迭代步伐,自主转型意愿不强。因此,在政府政策方面中车株机、中车株所等核心企业关注更多的是优质公共资源的供给,是否引得进和留得住人才,中小配套企业关注重点则是政府对企业的融资及资金配套等,由于现有政策无法满足不同类型与层次企业需求,导致出现核心企业"不管用"、配套中小企业"用不上"的政策供给困境。

三 大产业的空间邻近溢出：天易轨道交通配套产业园的形成

地理学家 Waldo Tobler 提出的地理学第一定律表达了一个观点,即任何事物都与其他一切事物相关联,但相邻事物的关联性远大于它与其他事物的关联性[1]。可见,邻近经济发展较好的区域更容易开展有益的互动与交流。研究表明,一个地区的整体要素生产率增长在很大程度上与其相邻地区制造业生产的密度呈正相关关系,通过溢出效应,相邻地区需求的更快增长会促进整体要素生产率的更快增长[2]。

---

[1] Tobler W., "A Computer Movie Simulating Urban Growth in the Detroit Region", *Economic Geography*, Vol.46, No.2, 1970.
[2] 世界银行:《2009年世界发展报告》,清华大学出版社2009年版,第76页。

在我国工业地理学的研究中，企业的区位决策主要基于以下几个因素来考虑①：一是资金，支持企业的资金从哪里来？二是原料，主要的原料是什么？需要哪些辅助原料？三是劳动力，需要多少工人？工人集中的地方在哪里？技能怎样？四是土地，是否有土地供应？价格怎么样？哪里有合适的土地？五是机械设备，使用哪种技术路线？用什么设备，设备从哪来？六是物流运输，用什么方式运输原料和制成品？费用如何？七是市场，产品卖到哪里？八是政策，地方政府是否有优惠政策？这些因素对企业区位选定都将发生作用，而最终企业区位的选取则由个别的或是少量的基本吸引因素来决定。实证研究也证明企业在转移过程中地理空间邻近依然很重要②，为了缩短企业生产链的长度、提升响应速度，降低交通成本、社会成本，实现精益生产、即时生产，企业更加倾向在地理文化、习俗相近的邻近区位进行布局③。

这种现象在与株洲千亿轨道产业集群隔河相望的湘潭天易经开区重现。湘江从南至北流经株洲，在株洲拐了一个弯向西流经湘潭，再北上长沙，形成了开阔的湘江湾。湘江湾北侧，就是株洲石峰区田心街道，这是中国轨道交通装备产业的核心集聚地。距这里向西南方向十多千米处的湘江湾南侧，便是湘潭县天易经开区。

湘潭县东北与长沙县以湘江为界，又与湘潭市区犬牙交错。东与株洲市天元区和株洲县水陆相连，东南隔湘江与衡东县相望，南与衡山县接壤，西南与双峰县相邻；西与湘乡市接界，西北与

---

① 王缉慈：《现代工业地理学》，中国科学技术出版社 1994 年版，第 9 页。
② Butollo F., 2015. " Growing Against the Odds: Government Agency and Strategic Recouping as Sources of Competitiveness in the Garment Industry of the Pearl River Delta", *Cambridge Journal of Regions, Economy and Society*, Vol. 8, No. 3, 2015.
③ 朱晟君、黄永源、胡晓辉：《多尺度视角下的产业价值链与空间升级研究框架与展望》，《地理科学进展》2020 年第 8 期。

韶山市毗连；北与宁乡市、望城县相接，全县地貌轮廓为西北、西南、东南三面高，中部和东北部低，以平原、岗地为主。湘潭县发展初期以农业为主，但良好的交通区位条件、较低的用地成本、相对廉价的人力资源条件等为湘潭县的工业起飞创造了基础条件。

湘潭天易经开区前身为湘潭易俗河经开区，1992年随着县城从湘潭市搬迁到易俗河镇，是湖南省为数不多的县城与经开区一体化建设的区域。2021年正式被省委批准为正处级机构，并明确为市委、市政府的派出机构，委托县委、县政府管理。在历经几轮核减、调扩，2022年核准园区实际建成区总面积为1067.02公顷。天易经开区以智能装备制造、食品医药、新材料为主导产业，作为湘潭县经济发展的主引擎，综合实力稳居全省产业园区第一方阵，先后获评省真抓实干优秀园区、产业高质量发展园区、商务工作先进园区，2022年获评省"五好"园区。

离中车株洲所和中车株机最近厂房只有5分钟路程的湘潭天易轨道交通产业园是天易经开区重点规划布局的"园中园"，主要发展以轨道交通为核心的先进装备制造、新材料、新能源等战略性新兴产业。引进了振洋轨道交通配件生产线、三龙轨道交通装备线等轨道交通装备制造及配套项目。同时，为承接轨道交通配套"专精特新"中小企业入驻，天易经开区引进了社会资本开发建设柏屹自主创新产业园，让前期低成本、轻资产化运营的中小企业可以入驻，并且孵化中小企业发展壮大，逐渐形成轨道交通装备和配套产业集群。

梳理湘潭天易经开区的发展历程不难发现，天易轨道交通配套产业园的发展有很大一部分因素源自株洲轨道交通产业的空间溢出，这种空间溢出带来的好处主要有两点：一是地理位置带来更便捷的区间交流，二是由于相互交流带来的本地协同意识与创新文化。

从地理位置看，长株潭一衣带水，在产业交流上有着天然的便利。天易经开区正处在长株潭城市群半小时经济圈内，在三个城市区的位置独一无二，与湘潭市区仅一江之隔，一上桥就到了湘潭市的高新区，不到10分钟车程；跟株洲只有一路之隔，跨过马路就到了株洲高新区，至株洲市区仅15分钟车程，到长沙市也仅30分钟车程。作为湘潭县城所在地，天易经开区交通区位优势明显，城际和对外交通日益便捷，高速公路、铁路、航运等立体交通网络不断完善，产业区距离长沙黄花机场仅40分钟、距武广高铁站12分钟、到京港澳高速入口8分钟，交通出行十分便捷。

地理的接近和企业对效率的追求，为天易经开区承接空间溢出创造了绝佳的要素条件。一是土地问题。多年的发展使得株洲土地使用成本不断攀升，加上《基本农田保护法》等法律的出台，株洲有些地区的土地已不够用，使得扩厂或招商计划流产，资本不得不考虑在其他地方（如天易经开区）设厂，而天易轨道交通配套产业园所在的湘潭县东城区未开发土地较多，总规划面积有2.92平方千米，大约4385亩，其中柏屹产业园一二三期开发面积有960亩，其他企业占地约100亩，相对株洲园区的土地紧张，天易经开区的土地比较富足。

二是成本问题。天易经开区统一规划布局，柏屹创新园区实行集中连片开发，对入驻企业实行按需建设和统一建设两种模式，建安成本约2980元/平方米，而株洲同类厂房售价约为3500元/平方米，差价达520元/平方米。"入驻我们园区的企业成本非常低，我们打算在周边园区做到最低，实际上我们也做到了，方圆20千米范围内我们园区的建安价格应该是最低的"柏屹创新产业园的企业负责人在调研座谈会上介绍道。此外在柏屹园区通过统筹共享办公、食堂、员工住宿等公共设施，让入驻企业减少投资，通过统一物业管理的方式减少企业运营成本。园内道路、管网、绿化等基础配套设施也均由柏屹统一投资建设，相比单独供地企业，基础配套减少15万元/亩以上。

三是资金问题。与轨道交通产业中主机国企配套的中小企业常面临回款慢的问题，受资金的限制面临来了急单但没钱购买材料的紧急情况，获取社会资金手续麻烦，成本也较高，柏屹创新园区主动为急需资金的企业提供短期免息周转资金。这对中小企业来说好比是雪中送炭，企业面临的往往是资金短期问题，资金问题解决了，企业发展可能就步入正轨了。

知识和技术的交流传播具有较为典型的地理衰减性，尤其对存在大量缄默知识的技术密集型企业，地理上的邻近更有利于提高交流的效率，从而加速学习的进程。

株洲轨道交通装备产业以垂直分工系统为主，虽然有利于生产的弹性专精和新厂商的形成，但也面临厂商间的协调整合问题，这种问题存在于上下游厂商之间，也存在于客户及上游供应商之间的合作关系，加强工程师社群的流动显得至关重要。天易经开区凭借其地理区位优势，采取了很多措施，鼓励周边高技术企业与人才创业，并制定了若干激励措施，如《关于鼓励和促进科技创新创业的实施意见》《湘潭市产业人才引进三年行动计划》等，此外，天易经开区也与长株潭地区的高级技术人才保持着密切的联系，越来越多高度"流动"的工程师在天易经开区和长沙、株洲工作，定期在各地间交流，并传达着技术知识、合同、资金、各种机会和市场的最新信息。正是由于地理上的邻近性，原来在株洲园区迁移至天易经开区的企业更容易嵌入地方社会网络，从而加强了区域之间的信息交流，当集聚的企业不断增多，株洲和湘潭甚至包括长沙的各园区之间形成了一个装备制造产业的共同体，彼此间信任、相互认同，由此扩大了的社会网络加速了长株潭三地间的技术和市场信息流动。

当然，人才和资金并不是天易经开区发展的充分条件，其成功的基础也包括由产业"集聚——扩散"所带来的成熟企业发展环境与专业化分工经济，以及在此基础上营造起来的区域创新环境。

尽管天易经开区和株洲的产业园区的发展水平和专业化方向不同，但产业园区间的交互作用对于各方来说是互补和双赢的，株洲是全球最大的轨道交通装备研制基地，直接面对世界市场，仍然是新产品概念和最前沿的创新源头，天易轨道交通配套产业园有34家企业为轨道交通产业提供配套，专注于轨道交通设备或配件、自动控制系统、桥梁坐板、制动背板、电线电缆等产品，以及将其他地区开发的技术迅速商品化的能力。当本地设计和产品开发能力提高后，天易经开区的企业就能快速对株洲的新产品概念和技术作出反应，以相对低廉的成本投入大批量的生产。

在区域创新环境这种文化的推动下，供应商—制造商—客商在地理上接近，R&D机构、生产、销售等信息在相互交织的区域网中及时反馈，可以让交易费用降低。天易经开区崛起的先进装备制造产业，以工程机械、轨道交通、风电设备为主，积极融入了长沙工程机械、株洲轨道交通等产业集群配套产业链。如敏锐科技主要从事风电设备配件、铁路机车配件和轨道交通设备配件的制造，是中车电机、金风科技等企业的长期供应商。这种区域内企业的不断衍生，企业间的频繁接触交流，相互协同，呈现既竞争又合作的动态均衡状态，是企业就近迁移的又一原因。

>>> 第二节　配套产业的空间集聚

产业溢出需要有一个承接地，对于集聚中心，其腹地范围往往呈同心圆分布，在空间上的溢出选择也是多样的。在硬环境相似的条件下，区域如何通过打造软环境，快速建立与集聚中心的网络联系，是区域保持先进性和核心竞争力的关键。柏屹创新园的经验表明，利用空间邻近效应，快速实现生产系统的本地化，可以形成不可替代的地方竞争优势。同时，专业化分工是区域与集聚中心加强联系，形成地方合作网络的关键，也是地方融入全球价值链的战略选择。此外，在产业空间集聚过程中，企业家是确保地方合作网络内部经济活动持续长久的决定因素，甚至在某些地方经济发展过程中企业家处于中心位置①。

一　地方化：空间邻近与地方竞争优势

如果留心周边，我们会发现，像"沃尔玛"超市、"肯德基"快餐连锁店，或者跨国公司的一些中国工厂都有一些共同特征，即这些公司与其他区域或其他国家的同类设施几乎一样，推行标准化生产。据此，有人认为，当前生产系统已经全球化了，并推测当生产要素的国际流动越来越强时，区域可替代性变得越来越大，这也引发了区域的担忧，即当生产成本上升时，区域产业将向外转移，进而导致区域被替代。近年来，随着劳动力和土地等要素价格逐渐升高，以及国内产业持续升级，叠加中美经贸摩擦、

---

① Malecki, Edward J., "Technology and economic development: the dynamics of local, regional, and national competitiveness", *Technological Forecasting & Social Change*, Vol. 62, No. 3, 1999.

新冠疫情冲击等多重因素，中国纺织服装、电子信息等制造业呈现外迁趋势。特别是越南、印度等东南亚和南亚新兴经济体全球产业链承接规模的快速增长以及发达经济体加快"去中国化"，加剧了人们对中国制造业外迁问题的担忧。

生产活动的全球化加剧地方产业竞争的同时，也促进了相关产业的分工与合作，为降低成本，产业链核心企业更加倾向于在本地采购元器件，培养本地合资或合作厂商，帮助上下游厂商提高技术水平，进而表现为大量相关企业空间集聚，形成地方特色产业集群和本地化产业氛围，这也是构成本地产业核心竞争力的关键。

在天易经开区，柏屹创新园的园区发展并没有因为生产系统的标准化而衰退，反而成为近年来引人注目的亮点，吸引着技术、资本、劳动力等要素的大量流入。柏屹创新园在全球竞争的挑战下，能通过不断提升区域对市场变动的承受能力和地方产业结构调整的灵活性，克服过分依赖外来资本、外力扶持所表现的僵化和脆弱性，形成具有核心竞争力的本地化的产业生态，这是其他地区难以模仿的，其在产业链中的位置也是不可替代的。

2015 年以前，湘潭县东城片即现在柏屹创新园的位置还是"一片荒地、两座大山"。2015 年 8 月 8 日，湘潭县人大代表、湖南柏屹创新园区发展有限公司董事长刘先林将柏屹创新园项目落在了天易经开区，时隔 8 年多时间，刘先林率团队打造了"建设周期短、投资强度大、税收贡献多、土地利用率高"的"柏屹模式"，成为天易经开区当之无愧的"明星"园区，引得长株潭周边的中小微企业争相入驻。

截至 2023 年 6 月，湘潭柏屹创新园已开发项目一、二期共

625亩，建成52栋标准厂房、多层厂房、研发中心、总部大楼，吸引150余家企业"拎包入驻"，实行统一规划、统一建设、统一招商、统一管理、统一服务，不仅为中小企业的孵化成长提供平台，还让政府园区基础设施的建设投入每亩减少了15万元。2022年，区内亩均产值达300万元，亩均税收达30万元，带动就业5000余人。第三期湘潭柏屹智能装备配件园（天易轨道交通配套产业园的组成部分）占地222亩，16栋标准厂房已建设完成，项目从2022年11月10日开工建设到交付仅用了9个月，打造了"柏屹速度"，已经签约入驻企业30多家，年产值15亿元，提供就业岗位1500个以上①。

"三期完工后，厂房供不应求，又要建第四期，又要200亩，目前在排队的还不少，有一二十家"②，调研中天易经开区管委会副主任楚荣光如是向我们介绍。天易轨道交通配套产业园2022年累计总产值达30亿元，轨道交通配套优势企业有10家，高新技术企业有9家，科技型企业有11家，这里已经从一片荒地变成了产业发展的热土。

在柏屹创新园所形成本地化的核心竞争力的过程中，地理区位邻近是关键的因素，邻近株洲高新区除了空间邻近带来的交通运输成本减少外，还带来至少两方面的有利条件：一是更短的交通距离能更有效地承接株洲高株区的产业扩散；二是接近创新中心，能更好地掌握行业发展动态，有利于区域学习，这两者均可用增长极理论来解释。

根据法国学者佩鲁1959年提出的增长极理论，投资在推动性

---

① 杨湛：《湘潭县人大代表刘先林：打造百亿产业园助力家乡高质量发展》，《湖南法治报》2023年6月1日。
② 根据课题组调研访谈录音整理，下同。

工业①发展中，通过与其有投入产出联系的工业而导致全面的工业增长，推动性工业所诱导的增长发源于推动性工业所在的地理中心，这种地理中心称为增长中心。如果将株洲高新区看成增长中心，它是轨道交通装备产业集聚中心，拥有高度集中的 R&D 活动与舒适的生活环境和待遇，而柏屹创新园可看成增长中心的边缘地区。根据增长极的正、负（回波、扩散）两种效应，一方面位于增长中心的公司从边缘地区购买原料、吸收剩余劳动力；另一方面增长中心向周边地区投资，增加边缘地区的人均收入，通过消费乘数刺激边缘地区经济增长。株洲高新区对周边区域的发展带动源于其"扩散"效应压制了"回波"效应。可以认为，株洲高新区作为增长中心与其周围空间产生了"位势差"，为消除这种差异，一种平衡力量会促进增长中心向外扩散和传播，或者周围地区为消除差异而学习、模仿和借鉴。贝里从企业角度对等级扩散模式进行了三种解释，一是顺序性市场搜寻过程，即企业按从大中心到小中心的顺序寻找机会；二是涓流过程，为寻求廉价劳动力，大中心将低的和衰退的产业扩散到小中心；三是模仿效应，即小城市的决策者模仿大中心的应用技术。

对此，进一步分析柏屹创新园空间邻近优势，可以发现：一是由于信息场的空间分布具有明显的距离衰减特征，距离成为影响扩散过程的首要因素。当产品需求快速变动，企业的成败更多取决于能否做到市场期望的快速响应或及时生产快速补货②。如日本

---

① 推动性工业是指那些能够通过技术创新和产业升级，带动整个产业链和经济社会发展的关键产业。
② Smith A., Pickles J., Buček M., et al., "The political economy of global production networks: Regional industrial change and differential upgrading in the East European clothing industry", *Journal of Economic Geography*, Vol. 14, No. 6, 2014.

"丰田城"就是丰田汽车公司及为其提供汽车配套的零部件供应商组成的产业集群，在很大程度上就适应了当时生产系统的需要。在距离增长中心较近的柏屹创新园比较容易获得株洲高新区有关的信息、技术、要素，在项目选址时，刘先林一眼就相中了这里，"这里与株洲相邻，更是长株潭城市一体化的核心区，我们希望抓住长株潭融城的有利时机，吸引更多企业来这里发展"①。

二是湘潭是我国槟榔生产的主阵地，拥有数十万就业工人，但随着槟榔致癌争议的出现，槟榔产业销售额受到冲击，省外销售量直接下滑近八成，省内下滑三成，这一波冲击也直接导致湘潭槟榔企业断臂求生，有的减员放假有的甚至直接裁员2/3，从而产生了庞大的产业工人群体，这些失业工人需要找到另外的就业途径。而柏屹创新园轨道交通装备产业的生产过程涉及钢铁、机械、电子、化工等60多个行业以及服务业等，轨道交通制造业的发展不仅会拉动五金制品、机电等传统产业发展壮大，还将大量引入与轨道交通车辆修造配套的新型铝合金型材、新型不锈钢等高技术含量、高附加值的新兴产业，这些产业的发展需要大量训练有素的产业工人。而湘潭槟榔产业前期培育的规模庞大的产业工人队伍因致癌风波释放的大量产业工人，刚好满足了柏屹产业园产业快速发展的需要。

三是技术引进、模仿创新是后发地区缩小技术差距的有效途径。发展初期，柏屹创新园制造行业通过引进国内外的先进生产技术、管理模式，快速成为轨道交通行业价值链中最重要的一环。这很大程度上得益于株洲高新区的技术溢出效应和"干中学"效应的发挥。

---

① 根据课题组访谈记录整理，本章其他地方同。

二 专业化分工:地方合作网络的形成

在过去 30 多年的时间里,中国制造业凭借低廉的要素成本和不断降低的交易成本优势,在优良的基础设施支撑下,以贴牌代工或加工贸易的方式融入由国际大买家或跨国公司所主导和控制的"全球价值链"生产分工体系中,专注于劳动密集型、微利化、低技术含量的生产、加工、制造或组装[①],这也导致中国制造业长期只能处于价值链低端,难以升级。很多学者提出,在产业发展的技术和资金等关键要素被外部掌握的前提下,原产业链中个别的技术和管理创新,很难满足工业化自主创新的需求,也难以让落后地区走出"微笑曲线"的洼地。当中国以低成本优势成为标准化、规模化工业时代最大的生产者时,美欧等发达国家开始回归"再工业化",这将对国内大量从事低端加工、缺乏创新能力和核心技术、严重依赖全球产业链和市场的中小制造业企业产生系统性、全局性的影响,进而给国内园区发展带来了前所未有的危机。柏屹创新园在建设之初看到了制造业发展方向和规律,在园区规划初期以高起点和高水平的制度安排,为后来园区产业发展演进产生了重要影响,其中最重要的是专业化分工和地方网络的形成。

专业化分工是以亚当·斯密为代表的古典经济学重要思想,也是规模报酬递增的根本原因,因为规模经济的本质实质上是专业化经济。马克思发展了斯密的理论,把分工分为企业内分工和社会分工,从协作的角度论述了分工不仅可以降低交易费用,而且可以创造新的生产力,从而论证了分工是国民财富增进的唯一

---

① 刘志彪、张杰:《从融入全球价值链到构建国家价值链:中国产业升级的战略思考》,《学术月刊》2009 年第 9 期。

源泉。

　　柏屹创新园开展专业化分工的考虑有两方面背景，一是随着市场的扩大，株洲高新区大型轨道装备龙头企业生产过程有必要实行垂直分离，这样做的好处包括四方面：第一，装备制造生产过程的各环节在工艺上或在机器设备的使用上具有一定的可分性，各环节的生产可由不同的企业来分别完成，生产过程具有垂直分离的可能性。轨道交通装备在设计生产过程中，一辆机车由成千上万种不同配件构成，单是生产制造这些配件就是一项庞大的系统工程，更不用说跟踪世界市场的需求不断改进设计所带来的工作量，因此将轨道交通装备制造的不同配件交由不同的企业生产，再将各配件集中到装配总装，从成本及效率的角度考虑是必要的。第二，市场需求的多样化导致生产的不确定性增加，为避免市场不稳定带来的影响，需要其他企业的协作。第三，将有限的资源用在最具价值的战略环节，将中间产品交由一些熟悉专业管理技能或拥有专业知识的企业来提供，可以提高劳动效率。如柏屹公司作为轨道装备产业集群的参与者，自己就搞了一些创新，如轧钢机、接收器等，这些东西也是行业采用的一些关键工程技术。第四，面对客户多变的需求，企业要随时进行生产调整，将部分生产流程外包可以实现即时生产，减少市场不确定性风险。二是距离因素，分工协作需要面对面的交流，进而必然要求企业在地理上集聚。一般而言，协作双方进行有效交流的距离不能超过15分钟汽车车程。柏屹创新园与株洲高新区的空间距离非常近，特别是与中车株洲所和中车株机等链头企业很近，株洲高新区距柏屹最近的厂房也就5分钟的车程，能快速获取轨道交通装备产业相关生产及市场信息，快速融入株洲高新区的生产系统。这些有利条件为柏屹创新园承接链主企业的转包合同、发展轨道交通配套产业园奠定了基础。当然，面对其他周边地区的竞争，柏屹创新园要完美融入株洲高新区的轨道交通装备产业系统，形成不可替代的核心竞争力，还需要发展地方合作网络。

自20世纪70年代以来，随着专业化分工的开展，本地化的企业网络取代了垂直一体化的大企业，成为区域经济变化的主流。在新技术发展背景下，大企业组织机构为了减少技术锁定、劳动力囤积以及生产能力过剩等风险，开始将生产外部化，也即实现生产上的垂直分离，将生产外包给周边地区，大企业与相关配套企业在地理上集聚在一起，上下游企业间构成一种弹性生产系统，形成地方合作网络。网络的基本特征是成员间开展专业化合作，共享过程控制和集体目标，中国中车等大企业处于领导地位，大量的本地中小企业做配套，按照生产上的垂直联系，形成多层次的一级配套、二级配套网络，大企业在与本地中小企业的合作中占据主动，并对参与技术改造的中小企业给予一定的帮助，每个企业都清楚股东单位缺什么，行业应用场景在哪里，不会瞎创新，企业之间的合作是长期的。

地方网络是产业集群的一个重要特征，而企业将通过集群式发展建立地方商业网络，促进知识溢出①。在地方社会网络组织中企业彼此间的信任度高，信息和知识交流通畅，有效地降低了企业间的交易成本，且企业间可通过转包、战略联盟、服务合同、销售合同等具体联系形式开展专业化分工与合作。

在柏屹创新园内，目前共引进了34家企业为轨道交通产业提供配套，已经投产的有34家，大多数与中国中车和时代新材相关，其中一期配套的有10家，二期配套的有24家，现在厂房已经竣工，又引进了将近三十多家轨道交通配套企业，这些企业之间

---

① 贺灿飞：《转型经济地理研究》，经济科学出版社2017年版，第160页。

联系密切，园区通过将已有的60多家轨道交通配套企业整合起来，主动为它们寻找合作机会，加强产业链上的协同发展，实现了抱团发展。

在天易轨道交通配套产业园中轨道交通配套企业间的联系复杂且功能强大，这种企业间的联系已在传统概念的基础上有了较大的发展。从强度上看，企业间的联系强，相互间存在密切的交互作用。从范围看，不仅包括实体的物质联系，企业间可以相互拆借资金、共同采购原料、共同销售、共同解决生产中的技术问题；同时，地方企业经济活力还根植于地方文化习俗和社会关系，使得创新的知识和信息在地方网络中迅速传播，生产商、供应商和客商之间的正式合同关系也在这种氛围中建立起来，而这正是其他地方难以模仿的根本性优势①。企业间包括非实体的社会和信息联系，这种联系日益成为企业间联系的核心内容，如基于亲戚或朋友关系的企业间人际关系非正式性蕴含着一种潜力，在合同不完全的情况下，这种非正式的人际信任可以保证在合同规范之外，双方在秉承善意的基础上，继续以适当的形式履约②。如果有企业退出，柏屹创新园采取两种处理方式，第一种是湘潭柏屹创新园区开发建设有限公司回购其厂房再卖或再出租，第二种是购买厂房的企业自己出租，通过亲属、朋友、客户等关系网引进新的企业来租其厂房，或者卖给他们。这种网络关系培养了企业间的相互信任和合作关系，本地企业间具有很强的地方凝聚力，园区以整体优势克服了单个企业规模小、不稳定的缺陷，集群内的中小企业也得以从以往的零散、杂乱状态走向了系统化和有序化。

---

① 朱华晟：《浙江产业集群——产业网络、成长轨迹与发展动力》，浙江大学出版社2003年版，第83页。
② 吴小瑾：《基于社会资本视角的中小企业集群融资机制研究》，中南大学博士论文，2008年，第34页。

三 企业家：地方产业网络中的核心人物

天易经开区的轨道装备产业主要集中在柏屹创新园，如何解释轨道交通产业在柏屹创新园的空间集聚现象，这一产业集群发展的关键因素是什么，为什么这些因素在柏屹创新园得到如此独特的发展？这与大产业溢出过程中形成的地方产业网络中的企业家密切相关。

19世纪的法国政治经济学家萨伊最早强调企业家的重要性，其认为企业家是企业生产网络中的协调指挥家，是企业生产过程中的中心枢纽，在收集信息、制定决策，着重发挥其协调人、财、物、产、供、销的协调作用①。在产业集群理论中企业家或头部企业作为产业集群发展的主要资源及企业地方合作网络的创建者、促进者和催化剂发挥着关键作用。

并不是全部的企业所有者、经营者或管理者都可以称为企业家，由于企业的差异性，各个企业在地方网络中发挥的作用并不相同，那些真正意义上的企业家应是有带动作用、创新作用，勇于冒险、承担巨大风险和不确定性，突破常规形成新规范的人物，其重要性是一般企业主所不能企及的②。

天易轨道交通配套产业园中的园中园——柏屹创新产业园的掌舵人刘先林是当之无愧的企业家。

"柏屹"谐音百亿。

"那些伟大的领导者、伟大的公司、伟大的组织之所以伟大，不仅仅因为他们所具备的能力，还因为他们的个性。"这句惠普公司前董事会主席兼首席执行官卡莉·费奥瑞的名言作为首句话印

---

① 黄群慧：《西方经济理论中企业家角色的演变和消失》，《经济科学》1999年第1期。
② 朱华晟：《浙江产业集群——产业网络、成长轨迹与发展动力》，浙江大学出版社2003年版，第87—88页。

在了湖南柏屹创新园区发展有限公司（简称湖南柏屹）公司理念识别（MI）手册的前言里。

无论是谐音还是卡莉·费奥瑞的名言，都可以窥探到刘先林的雄心与梦想，而刘先林和他带领的湖南柏屹正在向着他们的目标快速前进。

成立于2015年的湖南柏屹发展至今，已在天易经开区内开发了三期，第一期建设了"湘潭柏屹自主创新园"，总用地面积485亩，净用地面积432亩，总建筑面积26万平方米，随着株洲轨道交通企业的空间升级以及地方合作网络的初步形成，第一期的可用面积全面开发完毕。到2020年9月湖南柏屹与天易经开区签订《进区协议》，净用地面积380亩，规划总建筑面积20万平方米，现已摘牌143亩，已开发140亩，已完成建筑面积7万平方米。随着不断从株洲高新区迁出的中小企业的入驻，柏屹于2022年8月签订协议建设其在天易经开区的第三期项目"湘潭柏屹智能装备配件园（简称湘潭柏屹智配园）"，净用地面积220亩，规划总建筑面积10万平方米，仅用了8个月的时间就完成了竣工验收。由于排队入园的企业多，正在谋划第四期。

柏屹产业园一期项目建设到现在的三期共开发了860亩土地，入驻的企业有150余家，投产的企业有120多家。从第一期项目到第二期，柏屹用了5年，从第二期项目到第三期，柏屹用了2年，从第三期项目到第四期，柏屹可能只要1年。柏屹成长的这几年经历了新冠疫情、全球经济的整体下行等困难，但柏屹却能实现这种跨越，实属不易。

"在经济火热、大家都赚钱的时候，其实分不出来谁是企业家、谁是生意人、谁是商人，反正大家都赚钱。但是在经济面临挑战、困难的时候，企业家精神对国家经济的发展、企业的发展就会显得特别重要"①。柏屹创新园跨越式成长背后与刘先林及其带领的湖南柏屹"知行合一""全心全意为企业服务"等经营理念分不开。

有研究通过对浙江产业集群的分析，认为企业家主要有几种方式来对专业产业集群的形成与发展产生影响。一是企业家自身的经营绩效；二是企业家创新的外部性，即企业家的活动对周围人群产生影响；三是企业家所在的地方网络与外部网络。

企业家受地方性文化背景的影响。刘先林为土生土长的湘潭县人，从小就深受家族和乡情为核心的乡土文化的浸润，对湘潭县存在较强的归属感。很多企业家都具有强烈的社会责任感，"想干一番事业"成为企业家们最主要的创业动机，有一定的积累时"为家乡人们办点好事""带领家乡人民脱贫致富"则成为企业家鼓励并扶持本地其他成员创业的一个很重要的动机②。

企业家的个人经历对企业的方向和发展壮大有很大影响。"创新敬业，敢为人先，自我奋斗，追求卓越"是湖南柏屹的企业精神，与其说是柏屹的企业精神倒不如说这是刘先林所呈现的企业家精神。

刘先林有着20多年的园区管理经验，现在在快车道发展的柏屹与刘先林丰富的成长经历密切相关。刘先林成立湖南柏屹前在株洲高科工作了14年，作为公司高层主要工作是围绕园区的开发和管理展开，而在此之前曾在一家将汽车火花塞生产做到世界第五、中国第一的集科工贸于一体的上市企业——湘火炬工作了14年。在行业头部企业奋斗的两个14年工作经历，让刘先林拥有了

---

① 周鸿祎：《信念、坚韧、创新是企业家精神的三个关键词》，新华网，2019年3月6日，http://www.xinhuanet.com/politics/2019lh/2019-03/06/c_1210074729.htm。
② 朱华晟：《论乡镇企业的社区性及其影响》，《学术研究》2001年第6期。

丰富的专业知识、管理经验，积累了足够多的市场经验，知晓企业的偏好及其所关注的问题，对政府相关支持政策非常熟悉，能充分利用相关政策获得支持和帮助，使其具备了领导者的四个要素。一是权力，领导者应当有效地并以负责的态度使用权力，不能滥用，权力必须以适当的组织形式分配和运用。二是对人要有基本的理解，承认人是有多种需求和特色的社会人。三是杰出的鼓舞能力，能运用自身魅力和榜样精神激发追随者的忠诚、奉献精神，以实现领导者所定的目标。四是以某种方式形成良好的干事创业氛围。氛围有时是非常强大的，它可以使大批人表现出奉献精神和强烈追求①。

刘先林在株洲工作时有7年的工作是园区招商，接触了四百多家企业，充分了解企业的利润点在哪，主要有多少，知道企业的需求。因此，在创立柏屹创新园至今，他秉持的一个方向不动摇，即"做园区运营，不做工业地产"，而在园区运营初始抛出"购置成本低""运营成本低"两个亮点来吸引企业入驻。在价低的基础上，提供高质量的厂房，刘先林以其在国企工作十几年的经验非常了解"质量是怎么回事"，知道质量不能搞花架子。

价低质优的产品对民营企业尤其是中小微企业来说非常具有吸引力。在运营过程中如何把企业留住激发企业的创造力，带来更多的产业链企业入驻，刘先林主要通过提供优质服务做到了这一点。"服务这一块关键在于人""怎么把人调动起来，全心全意为企业服务，我们经过了很长时间的思索，也做过很多尝试"。在这个过程中也逐步形成了柏屹的三大核心竞争力，即"价格洼地""质量高地""服务高地"。

同时刘先林在湘火炬和株洲高科的工作经历也有了较强的社会

---

① 王铮、熊文等：《区域管理与发展》，科学出版社2021年版，第25页。

活动能力以及较广泛的社会关系网络,在网络中他"守诚信"的个人品牌形象也逐步建立。在中国,企业家之所以成为企业家,是因为其较他人有更良好的先赋性社会关系,或者借助于各方面条件构建起了良好的获致性社会关系。① 刘先林的社会关系接点的特殊性质是保证其经营成功的重要方面。

经济学家熊彼特曾提出"企业家是创造新的产品与服务结合体的关键"。刘先林及其领导下的湖南柏屹所取得的创新成就推动其他个体的创新和创业活动,带来天易轨道交通配套产业的发展。企业家们的非正式交流在创新氛围营造方面发挥着重要作用。研究表明,科学家40%的知识是通过非正式交流获得的,工程师60%的知识是通过非正式渠道获取的。刘先林在对柏屹创新园规划建设时,非常重视企业和部门的各种联系,建立行业联盟,加强企业与区域的结合性和根植性,通过非正式交流营造良好的区域创新环境。非正式交流中的隐含经验类知识的传播对天易轨道交通配套产业集聚营造创新环境非常重要,这类知识在实践中感学、领悟,属于缄默知识,通常只可意会不可言传。

关于非正式交流能丰富信息和知识的主要原因包括:(1)非正式交流的环境一般比较轻松、自由和积极,并且交流内容覆盖面广,交流者可以交流所有的事项和任何观点,不必担心错误或负责任,从而大大促进了交流效果;(2)非正式交流的频率较高,是企业家和员工日常生活中不可缺少的一部分,可以发生在任何时间和地点;(3)非正式交流可以传递巨大的信息量,表达双方能准确理解各自思想,抓住研究内容的本质和争论的焦点;(4)非正式交流通过社会网络传播,能加快知识和信息的传播速度。因此,在问到

---

① 获致性社会关系是指一个人通过个人努力获得的社会地位或角色,与之相对的是先赋性社会关系。

柏屹创新园的轨道交通相关联盟之间会不会有交流，相关负责人提出，联盟之间偶尔会有一些正式交流，但正式的发文都是没有什么用，大家都是随便一报，你拿到的东西也不一定是真的。更有效率的是非正式交流，行业相关人员经常在一起讨论，联盟就是朋友圈搞多一点，技术来源、应用场景多一点。

企业服务的宗旨是向着给服务对象超预期方向出发，要做一定程度的服务冗余，给服务对象超预期的服务体验。刘先林带领的柏屹经营宗旨是"全心全意为企业服务"，给了入驻企业的超预期体验。

柏屹为企业提供了四个方面的超预期服务。一是价低质优的基础服务。对柏屹来说无论企业大小，所有企业进园区享受第一条就是优质的基础物业服务。"刘先林董事长对我们说'所有的困难都不是困难，他全部帮我们解决'"，第一期入驻柏屹创新园的一家做热处理的企业鑫聚利在入园时遇到了很多困难，其负责人告诉调研组，"我们遇到的第一个大问题是用电问题，企业做热处理是用电大户，对变压器要求非常高，我们向刘董事长一提，他马上就免费铺设电缆光纤，包括变压器，全套帮我们免费，真的很好"。面对企业客户，急客户所急，并帮忙解决了企业入驻时的所有困难，而且还是超预期的免费服务，让客户"拎包入驻"，这是柏屹创新园能吸引企业入驻的重要因素之一。二是优良的全程代办服务。这也是柏屹区别其他园区的一个方面，柏屹全程代办包括办证、注册、资质申请等业务，实现真正的"保姆式"服务。三是特惠的金融服务。"实际上我们就是特惠金融服务，基本不收钱，小微企业才入驻资金周转不开，柏屹全过程担保，按揭担保不收一毛钱，如果企业还不上钱，我们借钱帮他还"，刘先林在调研座谈时介绍到柏屹的服务时，还提及一种金融服务是"过桥垫资",这种服务为企业提供临时周转,基本免费,为了避免一些法律上的问题仅象征式地收点费用。四是增值服务。重点为企业提供一些投资、策划服务,服务质量高却仅收成本费用。

"按照毛主席讲的全心全意为人民服务,我们改了两个字,全心全意为企业服务,这是我们公司的理念,无论是开发、建设,还是服务,这都是我们的核心理念,全心全意为企业服务,我们要让柏屹创新园成为企业之家。"刘先林在调研座谈会上讲到。

同时企业制度创新也促进了企业和轨道交通配套产业集群的发展。有对浙江民营经济的研究认为,浙江民营经济增长更深层次的机理在于一系列制度创新的率先实施[1]。柏屹在这方面一直有探索,调研发现柏屹的企业制度汇编成册,且每过一段时间都会将企业现有的制度梳理一次,通过不断地吐故纳新促进企业的成长,现在的企业制度汇编已经是第五版,而编制的企业岗位职责说明书已到第七版。

>>> 第三节 政府在其间的重要作用

"政府的作用就是做出坚定的决策,在管理人民的事务时采取明确的、一贯的态度。[2]"新加坡原总理李光耀用一句话总结了他对政府的理解。在产业发展过程中,中国政府主要通过实施经济政策和相关的法规发挥重要作用。

在市场经济条件下,企业有自主寻找区位的动机,但市场上的信息并非完全的,企业的信息可能来自招商会、贸易协会、商会

---

[1] 朱华晟:《浙江产业集群——产业网络、成长轨迹与发展动力》,浙江大学出版社 2003 版,第 94 页。
[2] 李光耀:《李光耀论中国与世界》,中信出版社 2013 年版,第 136 页。

或其他机构，但建立集群的工作仍然不可避免地落在政府（或政府设置的园区管理机构）的肩上。相对而言，政府作为各种政策的制定者，在地方产业集群的形成、发展和壮大中的培育与扶持作用十分突出。政府通常能获取更加完全的信息，对于全球市场、技术和文化的变化有更灵活的适应能力，在制定目标性发展计划、能从整体上考虑产业发展的方向、与大型企业谈判、促进中小企业发展、建设基础设施、加强培育和教育、推动创新等方面，具有更强的把控能力。因此，地方产业集群的发展离不开政府的干预，尤其在产业集聚形成初期，集群的优势还没有建立，还没有形成集聚效应时，政府的整体把控、扶持和帮助更为必要。天易经开区如何强化天易轨道交通配套产业园的发展，如何促进湘潭与株洲两市的产业协调、实现园商沟通、增强自我管理服务能力等，对其在长株潭一体化发展中脱颖而出，建立区位优势，并保持持久的生命力和创新活力，具有至关重要的作用。

一　产业集群发展的引导者：打造产业综合体

产业综合体事实上就是产业集群的一种类型。产业综合体的概念由美国区域科学家艾萨德于1959年提出，其可以看成在一个特定区位上的一组经济活动，由于这些活动相互间存在技术、生产和分配等多方面的联系而带来很大的成本节约。天易经开区中的柏屹创新园就是这类模式的典型，在过去8年多时间里，围绕链主企业，建成了内部联系紧密、结构合理的产业综合体，并取得了显著的经济效果。这一效果的达成也得益于对柏屹创新园自开发之初的顶层设计。

产业集群的形成发展多由市场自发引起，但同时也绝不能忽视地方政府在产业集群发展初期的引导作用。同样，在天易经开区科学规划是一切的前提，天易轨道交通配套产业园的形成和未来发展规划是园区充分谋划的结果。

天易经开区原有开发重点是放在湘潭县的南部片区，而现在的柏屹创新园却在原来的"不毛之地"东部片区，这主要是考虑到与株洲、湘潭市政府的距离区位优势及集中连片开发的优势，以及从更长远角度考虑到长株潭三市的联动，现在柏屹创新园所在的位置更为重要，通过政府充分调研讨论后，天易经开区将这块更邻近株洲和湘潭市的"不毛之地"交给了柏屹，而柏屹也不负天易经开区所托，将这块地变成了轨道交通配套企业不断集聚的热土。

一期的土地全部开发后，为了实现持续给柏屹集中连片的供地，天易经开区勇于打破常规、顶住压力，将415亩商业用地调规变为工业用地，然后才有了柏屹的二期、三期，使得装备制造业不断向东部片区集聚，也才有了如今依托柏屹创新园重点打造的天易轨道交通配套产业园。

在集群发展的产业定位方面，求精不求杂，园区在引进湖南柏屹将其划到天易新城（东部片区）时，就瞄准轨道交通、工程机械、航空航天等优势产业链的配套产业，将培育引进配套企业作为主攻方向。目前引进的企业中，60%以上是三大产业链配套企业，形成了颇具特色的产业集群。对目标群体的定位，天易重点引进中小企业，通过中小企业的集聚慢慢打造轨道交通配套产业集群。

"不积跬步，无以至千里；不积小流，无以成江海"，这也是天易经开区主政者明智的地方，目前天易的基础条件还不足以招大商，实力不足以吸引到大企业入驻，但当为轨道交通配套的中小企业集聚到一定规模,能够为大企业的发展带来足够多的收益时,大企业也许就来了。

二 市场环境监督者:做有限政府和有效政府

在产业集群中,市场机制本身的正常运作需要一个既有秩序又有竞争,同时还能保证经济效率的制度环境。在全球化的浪潮中,一个国家或地区的营商环境的好坏很大程度决定了其发展竞争力的高低。

营商环境是企业生存发展的土壤,如何为企业创造一种友好的营商环境对园区发展至关重要。天易经开区以"引导"和"服务"为宗旨,创造了开放型营商环境,吸引了众多企业落户,为产业发展聚了人气、添了动力、增了活力。这种开放型营商环境包括两方面。

一是做有限政府,按市场化原则去监督,由提供硬服务向做优软服务转变。柏屹不断发展壮大时,轨道交通配套产业集群也随之成长,而相应的产业链布局及集群规划则越来越重要,产业发展的市场环境也变得复杂,天易经开区没有不懂装懂"硬管",而是从不擅长的领域退出来,通过引入民营资本,带来新的专业化园区运营知识,打破以往政府主导的园区治理路径依赖,运用"市场运营+专业园区"的方式,创造新的园区治理模式,实现园区产业的集聚发展。

地方政府及其官员对制度创新行为的态度较宽容以及敢于领导而且善于领导,对天易轨道交通配套产业园的飞速发展起到不可低估的作用。"减少微观管理事务和具体审批事项,最大限度减少政府对市场资源的直接配置,最大限度减少政府对市场活动的直接干预……""让各类市场主体有更多活力和更大空间去发展经济、创造财富，实现资源配置效益最大化和效率最优化"①。天易经开区管委会引进柏屹后，抓大放小，适当"分权"到柏屹，以市场化管理的方式让柏屹进行市场化运营，全力支持企业发展。在推进柏屹创新园的建设中，天易经开区管委会与柏屹充分沟通协调，不大包大揽，通过柏屹来集中管理园中园的企业，天易经开区管委会在保证园区规划审批、建设质量、安全环保等方面的硬性监管外，将园区建设、园区投资、园区服务全部交由柏屹去做，让柏屹在引进什么类型的企业、什么规模的企业、怎么引进企业等方面有了决策权，充分赋予柏屹园区在模式运营上最大的自由度。

刘先林在调研座谈会上也做了相关探讨："柏屹之所以能做到今天无外乎这几个方面：一是地方政府的全力支持，能持续供地，使项目持续发展；二是我们以产业为导向做园区运营，这也是政府支持我们的原因；三是政府实实在在的市场化原则，如果行政上规定我硬要做出什么成效，那就比较糟糕了，可能存在地卖不出去，产业进不来，税收产生不了，所以天易经开区管委会做得好，充分面对市场。例如，现在政府都要求建设工业上楼的厂房，这样能最大化集约用地，但是同时也产生了新的问题，对于重型加工企业来说楼板承载力有限，承载不了产品和机器的重量，原材料上楼大型产品的下楼也都是很大的问题，因此在已建好的一些园区大量多层厂房出现闲置，浪费了很多资源，而在柏屹创新园区却没有受到这种困扰，因为政府仅在安全、质量等监督外，不干预柏屹标准厂房的具体建设类型。通过调研发现，长株潭区

---

① 《从"效"字看更好处理政府和市场关系——习近平经济思想的生动实践述评之三》，新华社，2021 年 12 月 7 日，http://www.xinhuanet.com/politics/leaders/2021-12/06/c_1128137431.htm。

域以重型加工企业为主的市场需求特色以及根据长株潭区域的省内本地客户的要求，湘潭柏屹园区的厂房70%以上为单层重型加工厂房，适当兼顾多层轻型加工厂房。柏屹准确的产品定位，使得厂房销售供不应求，几乎不存在厂房空置的问题。

在这种政府与企业间相互支持相互信任的框架下，天易和柏屹形成了园区监管下的"统一规划、建设、招商、管理、服务"五个统一模式，并逐步形成了现在媒体争相报道的"柏屹模式"。政府与企业发展形成良性循环，政府让柏屹充分发挥建设周期短、投资强度大、税收贡献多、土地利用率高的特色"园中园"优势，为企业提供了孵化裂变的平台，形成中小微企业集聚效应。目前，柏屹创新园已开发建设956亩地，建筑面积33万平方米，引进中小微企业150余家。其中达产区已实现亩均产值273万元，亩均税收28万元。

二是做有效政府，打破常规，创新推进"商转公"。政府本身的强制力和再分配能力，使其自身在提供秩序的服务方面能够实现规模效益[①]。在现有政府财政紧张、建设用地相对紧缺的情况下，如果园区要连片开发必将涉及征拆工作，继而牵涉一系列问题。因此，天易经开区一直在探索怎么盘活、用活已有土地资源。2022年天易经开区被评为湖南省高效用地十大先进园区，柏屹创新园也被评为全省百个节约用地的先进案例和先进企业。

天易经开区是如何实现土地的集约节约利用的呢？天易经开区顶着压力，将土地成本价约75万每亩的商业用地（出卖价150万每亩）转变成价格25万每亩的工业用地，天易经开区的"商转工"项目，让园区内415亩商业土地调规变为工业土地，而政府

---

① 胡宇辰、吴群：《基于产业集群发展的政府职能分析》，《经济问题探索》2004年第11期。

直接的财政收入减少了约 2 亿元。这是湘潭的第一单"商转工"项目，在政府负债较重的情况下，可想而知天易经开区管委会所面临的巨大压力，天易经开区管委会经过反复调研论证，最终决定采取边汇报、边调规、边设计、边退抵（土地被银行抵押），以破釜沉舟的决心去做了这个工作。

天易经开区管委会为什么要冒着巨大的风险来做"商转工"的土地项目？一是与柏屹创新园的发展相关。柏屹一期发展欣欣向荣，中小企业的涌入，园中企业的裂变壮大，轨道交通配套产业的集聚，让天易经开区管委会算了一笔账。如果土地作为商业用地出卖，净收入大概可以增加 3 亿—4 亿元，如果变成工业用地直接收入是 1 亿元，但从柏屹创新园发展态势看，现有土地产生直接税收的时间在 3 年左右，如果将优惠返还政策计算在内，未来 5 年内，政府的税收完全可以达到将土地作为商品卖出去的收入，意味着顶多 5 年后，政府就将因"商转工"损失的净收入全部收回来，原有的土地还将源源不断地产业地方财政收入。

二是与现有房地产市场需求趋近饱和的大环境有关。卖出商业用地短期内能够解决资金问题，但是过量的商业用地抛向市场会导致房地产市场供给过剩等问题。如果天易经开区 400 多亩地商业开发会产生大概 20 万平方米的开发量，势必会进一步推高湘潭县商品房的空置率，而且原来土地周边全是工业用地，作为商业用地出售价格达不到湘潭县商业用地的平均出售价格。与其便宜出卖或闲置这块土地，不如将这块土地发挥更大的价值。

"在短期内我们宁愿放弃所谓的收益，而追求长期可持续的经济发展结构，这就是我们的战略"，天易经开区管委会主任在调研座谈会上坚定有力地回答道。天易经开区管委会打破常规，用了不到 2 个月的时间完成了这项工程，将这块 413 亩的土地产生的短期收益变成了长期价值。

在加强园区土地集约节约方面，天易经开区管委会还针对性地制定了"一企一策"低效用地整改方案，通过协商收回、收购储备等多种手段，完成7宗397.96亩低效（空闲）用地清理，完成年度任务的144%；大力清理处置僵尸企业，通过平台公司收储、司法拍卖等方式实施"退二优二"，推动僵尸企业土地和厂房向优质企业转移，实现"增资增效不增地"；全年综合利用存量土地1148.96亩，拉动社会投资40余亿元①。

除了建设工业园区，政府还积极扩展市场，对在外地市场设立经销点或贸易部的企业，给予财政奖补。此外，政府还积极组织企业参加各种交易会，如中国进出口商品交易会（广交会）、上海商品交易会等。

三 高效服务供给者：全心全意为企业服务

柏屹创新园作为天易经开区园区经济发展的排头兵、试验田，在促进改革、改善投资环境、引导产业集聚、践行新发展理念，推动经济高质量发展方面发挥着积极作用。天易也在促进柏屹和地方经济发展中不断探索更好的更高效的政府服务，为企业发展出点子、干实事，重点表现为三个方面。

一是优化政务服务。实施"五个一"联系机制，即一名领导、一套班子、一个项目、一个方案、一抓到底。通过班子成员带头一对一联系重点项目，解决影响项目建设的场平、护坡、高压电力杆迁移、天然气、污水排放等问题。建立完善"引、育、留、用"人才机制，探索开展企业接待日制度，定期组织政银企对接、

---

① 丁玉洁等：《一张蓝图绘到底》，《湘潭日报》2023年1月6日。

产学研对接，畅通政企、银企、校企交流合作渠道，帮助企业解决项目建设、生产经营、人才引进、金融服务、安全环保等方面的问题。

天易经开区经济合作局局长说："为协调解决入驻柏屹的企业在项目申报、权证办理、用工、子女就学等方面的困难和问题，我们积极对接县发改、财政、商务、人社、教育等部门，今年以来帮助柏屹园区企业解决具体问题30多个。"

在公共服务方面，通过设置专窗服务，形成标准化办事流程，总结并高效行使49项经济社会管理权限，对入园项目审批事项实行"一门式受理、一站式办理"以及全程代办服务，实现"园区事园区办、一件事一次办"。推行项目"四即"（洽谈即服务、签约即供地、开工即配套、竣工即办证）改革，继续实施"一会两函""联合预审"和容缺受理、并联审批等工作机制。同时让政府在土地挂牌阶段，同步推进招商洽谈、项目规划设计、评审、场地平整、围挡建设、临时水电建设等基础配套工作，加快产业项目落地前期工作，实现项目拿地即开工，助推项目建设跑出"加速度"。

天易经开区通过"联合预审"机制提升工作效率，成立"联合预审"工作小组，开展上门服务，组织应急管理、环保、市场监督、税务、发改、工信等部门对入驻园区工业厂房的中小企业项目进行提前评估和集中预审，做到"一会审批"，打通项目入园快速通道，大幅缩减审批流程，主动加强与企业的信息互通、工作互动，大幅缩短企业入园时间，创造出"天易速度"，让入园企业投资项目登记备案由原来的3—5个工作日缩减至1个小时，项目规划审批由原来的15个工作日缩短为5个工作日。

二是"三员三式"管理服务。"三员三式"是指我是招商员、我是安全员、我是服务员，人人都要抓安全、抓招商、抓服务，政府工作人员对企业实行"台账式管理、挂牌式履责、管家式服务"。这一服务理念是天易经开区管委会主任针对不断发展的园区和入驻的企业，以及经开区管委会工作人员有限的情况，所提出来提高服务效率的方法。

在"三员三式"的服务管理中，政府的来访是否打扰到企业的日常工作？我们在另外一个城市的调研过程中一位企业负责人就抱怨过："我们企业在地方发展还可以，所以政府来检查的、考察的特别多。工商、消费、县监局、消防等经常去我们那里检查、指导，由于疲于应付相关工作，我们还特意聘请了一个专门的工作人员进行对接。"① 在天易经开区，政府部门去企业更多是去提醒、督促、指导企业，看企业是否有困难和问题，进行台账记录。

"日常对企业的监管服务更多是服务而非监管，是为了看企业是否有困难了，有问题了，帮他们解决问题，当然如果发现他们有些事没做好，也会采取联合执法的手段，但是很少用。我们想的是怎么样提高效率，又要达到不扰企，不影响企业"，天易经开区管委会主任谈道。

"三员三式"管理在天易经开区落到实处通过两个地方体现得淋漓尽致。一是企业的门口都有一个特别的挂牌，挂牌上记录着园区管委会一个部门领导和一个联络员的名字和电话号码，这个企业遇到任何问题都可以直接打电话，挂牌上的人就是定点为这个企业服务的工作人员，任何涉及园区的、县里面职能部门的事情都是由挂牌上的政府工作人员负责。如果牵头领导或联络员处

---

① 根据课题组调研访谈录音整理，余同。

理不了，则及时上报，天易经开区管委会制定了上报机制，上报给园区领导来协调处理。天易经开区这种点对点、人对人为企业服务的模式突破了以往企业遇到问题不知找哪个部门或是部门间踢皮球的问题，真正意义上为企业解决了后顾之忧。二是将园区范围划分为一块一块的网格区域，园区管委会根据企业的数量和每个局的人数来匹配，由于某些部门人数偏少，比如管安全的部门只有三个人，三个人去管500多家企业的安全达不到完全覆盖，那么天易经开区的所有工作人员就都变成了"三员"，人人都是安全员，每个局负责一个网格，凡是网格区域范围内的企业均由对应的工作人员负责，通过这种方式经开区100多个人管理了500多家企业，平均每个人管理4—5家企业，并按AB角的形式由两个人以上对企业进行交叉管理。这种网格化模式的管理使得天易经开区管委会在对企业的管理中没有了盲点，实现全面覆盖。

三是建立了"一企一策"服务。天易经开区管委会为每个入驻企业都建立一份档案，将企业基本情况、产值规模、安全环保等相关数据资料都建档管理，在此基础上对企业的用电量、税收、用水、用工量进行持续跟踪，实时掌握企业的经营发展状况，对企业需求能提出有针对性的解决方法，提升办事效率和管理精细度。同时通过对企业相关核心数据的掌握可适当对成长性很好的企业进行股权投资，促进政府投资平台的发展转型。

第四章

飞地产业园区的艰难探索

飞地经济是中国区域经济发展过程中出现的一种"嵌入式"发展模式，这种发展模式的核心在于打破原有体制和行政边界的束缚，通过在行政上不存在隶属关系的另一地区建立自己的产业区，进行跨行政区的经济开发，进而推动资源在更大范围内的重新配置。飞地经济作为一种重要的跨行政区经济合作模式，可以推动生产要素在区域间高效流动，是实现产业协同发展的重要举措。

>>> 第一节 双向奔赴的发展选择

自 1994 年首个飞地园区诞生以来，飞地经济在长三角、珠三角等地区迅速发展起来并扩散至全国。进入 21 世纪，随着区域协同发展的不断深化，飞地经济已成为促进区域产业协作和经济地理格局重塑的重要空间治理模式[1]。尤其是 2017 年，国家层面出

---

[1] 许险峰、许吉黎等：《基于共生视角的"飞地经济"高质量发展路径研究——以广清经济合作区（广德园）为例》，《热带地理》2023 年第 12 期。

台了支持飞地经济发展的指导意见,飞地经济开始蓬勃兴起。也正是在此背景下,长株潭地区的 A 园区和 B 园区开启了飞地园区的艰难探索。2019 年,为破解 A 园区发展空间受限难题,A 园区联合 B 园区探索建设长株潭范围内首个飞地园区——C 产业园。

一 何为"飞地园区"

飞地经济和飞地园区并非什么新鲜事物。早在 1992 年,加州大学洛杉矶分校的周敏教授就提出了飞地经济这一概念,指出飞地经济是两个经济发展水平不同、互相独立的行政区域,在经济发展过程中突破原有的体制或机制束缚,借助于税收分配等合作机制,实施跨行政区的经济开发策略,最终实现两地资源互补、互利共赢的经济发展模式。飞地经济可有效破解产业转移及产业协作中集中度低、规模小、资金不足、信息和人才缺乏等问题,从区域层面实现优势互补,促进经济一体化发展。

飞地经济模式的理论基础主要源于区域比较优势理论、产业梯度转移理论和产业共生理论等。区域比较优势理论解释了飞地经济发展的必要条件,即"飞出地"和"飞入地"需要具备各自的优势,然后才能实现优势的互补。在飞地经济模式下,"飞出地"和"飞入地"需要发挥自身的特色和比较优势,才能在合作中找到生存和发展的空间。产业梯度转移理论认为,在飞地经济中,"飞出地"发展到一定程度就会导致土地等要素价格上升,生产成本增加,一些产品在当地生产变得不经济,需要在"飞入地"进行产业延伸和产业转移,形成一种梯度转移和扩散态势,进而带动整个区域的经济发展。区域经济系统与生态系统中的共生环境存在相似性。产业共生理论认为,飞地经济涉及两个或多个区域

（地区），它们构成了一个共生系统，每个经济要素都是共生系统的个体。飞地经济可以充分整合双方的优势资源，建立"飞出地"与"飞入地"的互利共生机制，在更大范围内实现生产要素的流动与优化组合，提高经济运行质量，形成优势互补、联动发展、互利共生的新格局。

飞地经济的产生需要满足三大前置条件。首先，空间分离是基础条件。"飞出地"和"飞入地"只有隶属不同行政区，才会发生空间重构。其次，发展差异是必要条件。只有两地存在资源要素、产业结构、发展阶段、政策制度和生态环境等差异性，才会有优势互补的内在需求。最后，互利共赢是充分必要条件。只有两地在财税分配、GDP数据统计、经济发展和社会民生等方面找到互利共赢的解决方案，才可能持续推动飞地经济发展。

除了理论基础外，飞地经济发展也有着深刻的现实逻辑。一是飞地经济有利于推动行政区经济向功能区经济转变。目前，区际要素流动的规模与速度明显提升，传统的"行政区经济"已不能满足区域一体化发展的时代要求，加快发展飞地经济，是未来区域一体化发展的必然选择。

二是飞地经济有利于实现"飞出地"和"飞入地"互利共赢。飞地经济产生的前提条件是两个地区在资源禀赋和经济发展方面存在较大差异，"飞出地"的资金、技术、人才、项目、管理运营和政策等具有比较优势，但最为缺乏的是建设用地，而"飞入地"恰恰具有土地、人力资源和市场等优势。飞地经济合作推动"飞出地"的优势资源和要素跨越行政区划界限与"飞入地"优势相结合，通过规划、建设、管理和利益分配等合作与协调机制，最终实现互利共赢。

三是飞地经济有利于增强区域产业链和供应链韧性。飞地经济发展过程中,既能促进区域产业的合理分工,又强化了产业配套和供应链本土化。对于"飞出地"而言,一般会进行产业链较低端环节的延伸和转移,着重从事研发、设计等附加值较大、辐射力较强的产业分工环节,以便更好地发挥专业的管理和招商优势。对于"飞入地"而言,可以在梯度发展、结构升级基础上促进产业集群发展,从而在区域之间形成较为完整的产业链。

四是飞地经济有利于区域经济内循环的构建。飞地经济合作双方携手壮大主导产业,积极参与区域产业协作,努力成为都市圈、城市群主导产业链条上的某一环或若干环。通过深化区域产业链融合,形成都市圈、城市群范围内集"研发设计—生产制造—产品流通—产品服务"于一体的良性产业生态,不断提高供给体系对需求的适配度,使生产、分配、流通、消费各环节更加畅通,助推区域经济内循环发展和服务构建新发展格局。

飞地经济模式可以在不改变行政体制框架的情况下,实现经济要素向优势区位转移,不仅很好地解决了发达地区寻找产业转移的承接地,以及区位条件较差地区或受空间约束地区突破土地资源限制拓展发展空间等问题,也为欠发达地区解决资本、人才和技术短缺问题开辟了一种新的发展路径,而这些恰恰构成了不同发展水平的城市或区域之间经济关系的重要传导机制。从这个意义上说,飞地经济模式必将成为引领我国区域经济发展的新模式,为区域体制改革和区域协调发展提供一个全新的思路。

在相关理论和现实需求的推动下,中国沿海地区尤其是江浙地区最先开始飞地经济的探索。1994年,国务院批准设立中新合作苏州工业园,这是中国真正意义上的首个飞地园区,之后飞地经济发展步入快车道。进入21世纪以来，飞地经济已经成为欠发达地区引进发达地区项目、资本、人才、技术和管理等要素的重要途径和有效方式。2017年6月，国家发改委、国土资源部、商务部等八部委联合出台了《关于支持"飞地经济"发展的指导意见》，鼓励发展飞地经济，共建产业园区，这是国家层面首次出台的专项指导意见，在全国范围内掀起了飞地园区建设的热潮，其中尤以长三角地区的发展最为活跃，如浙江"山海协作工程"、江苏"南北共建园区"、安徽"南北合作共建园区"等均已上升为省级战略。

截至2022年年底，我国共有飞地产业园区1200多个，江浙沪皖四省设立的省际、市（县）际飞地经济园区已经超过500个[①]。飞地经济也已悄然从1.0时代迈入2.0时代甚至3.0时代，飞地经济合作不再局限于"从高向低飞"，也不再只是承接梯次产业转移，而是更加主动地将"飞地"当成两地间创新协同的新载体和平台，赋能双方地区发展。

梳理目前国内现有的飞地园区，大致可以从产生原因、投入方式、运营主体、发展业态等角度概括为多种发展模式。按照飞地经济的产生原因划分，主要包括对口支援与帮扶型、国内产业转移型、国家战略需求型。按照飞地经济的投入方式划分，主要包括"飞出地"投资型、"飞入地"投资型和两地共投型。按照飞地经济的运营主体划分，主要包括政府主导型、市场运作型和多元参与型。按照飞地经济的发展业态划分，主要包括生产制造型、孵化转化型和创新研发型等（见表4-1）。

---

① 高焕沙：《"飞地经济"助力区域共享协调发展——以长三角区域为例》，《和达产业研究院》2023年5月23日。

表 4-1　　　　　　　国内不同类型飞地园区发展模式

划分角度	主要类型	模式特征
产生原因	对口支援与帮扶型	经济较为发达地区对经济欠发达地区由对口支援与帮扶任务而开展的"造血"式产业扶贫
	国内产业转移型	"飞出地"和"飞入地"存在产业结构和层级梯度差，按照产业梯度转移路径推进的飞地经济
	国家战略需求型	党中央和政府因经济发展需要而作出的一种空间战略部署，如国家级新区建设
投入方式	"飞出地"投资型	由"飞出地"负责全部基础建设投入
	"飞入地"投资型	由"飞入地"负责全部基础建设投入
	两地共投型	由两地按照协议共同分担基础建设投入
运营主体	政府主导型	飞地园区建设和运营管理主要由"飞出地"主导或"飞入地"政府（及其投资建设开发公司）托管、共建等，主要包括中央政府主导、地方政府主导和"中央—地方"政府交互治理等
	市场运作型	采用"政府引导+企业参与"的形式，包括跨域公司引导、产业集群引导、基于产业链分工或模块化分工的地区功能专业化合作模式，以及市场机制引导下的自组织模式
	多元参与型	在政府和企业之外，由高校院所、行业协会、产业技术联盟等共同投资运作的飞地园区，以技术、团队、品牌和资本为纽带，推动多主体、多类型合作
发展业态	生产制造型	是飞地经济最主要的模式，大多围绕"飞入地"急需的主导产业进行招商引资、产业配套和园区功能开发，"飞出地"以总部经济、研发中心为主，"飞入地"扮演加工制造、产业配套、商务服务角色
	孵化转化型	是孵化器和众创空间的拓展，侧重于将"飞出地"技术和项目在"飞入地"孵化、转化和产业化发展，在此基础上进一步育成孵化链条，拓展招引地域范围和产业种类
	创新研发型	以知名高校、科创园为载体，吸引全球高层次人才向该地区集聚，形成"人才飞地"，建设教学—科研—生产一体化的高新技术产业区

资料来源：张贵：《飞地经济的发展逻辑及效能提升》，《人民论坛》2021 年第 26 期。本表主要根据刊文内容整理而得。

二 "飞出地"的发展需求

尤其对于经济发展水平更高的地区而言，飞地经济为什么会产生？除了前面讲到的前置条件外，还有相应的动力机制驱动。一是自然条件的驱动。如果产业园区用地条件较为紧张，则有向周边地区进行产业转移和扩散的动力。从地理区位看，如果"飞出地""飞入地"地域相连，交通网络发达，可以大大降低相互间的交易成本，为产业转移提供较强推力。二是制度环境的驱动。国家战略部署和各种规划政策等对飞地经济的指导，为飞地经济发展营造了良好的宏观环境。"飞出地"淘汰落后产能、节能减排等产业政策，往往会引导非核心功能和传统制造业向"飞入地"转移。三是发展梯度的驱动。"飞出地"和"飞入地"之间的经济发展存在明显的梯度，两地在教育和科研投入上的差距，又会在技术水平上形成"领跑者"和"跟随者"的差异，最终形成两地间产业转移的张力。四是人文环境的驱动。两地民众具有相同或相近的文化和观念，有利于"飞出地"转移企业很快与"飞入地"各类行政部门和社会组织充分融合，与相关利益群体建立互信。

正是在国家政策和相应动力机制的驱动下，A园区联合B园区开启了长株潭地区首个飞地园区的尝试与探索。

在长沙、株洲和湘潭三市交会处有一个生态绿心，总面积528.32平方千米，涉及9个县（市、区）和5个开发区，总人口26.27万人①，是"钢筋铁骨"城市建筑群中一抹清新独特的亮色，也是全国探索最早、世界面积最大的城市群绿心。2011年，湖南

---

① 彭雅惠、黄利飞：《生态绿心，期待做好保值增值大文章——新起点上推进长株潭一体化发展观察之二》，《长沙晚报》2023年8月15日。

省颁布了《长株潭城市群生态绿心地区总体规划（2010—2030年）》，在长株潭交界处划定绿心生态区。2013年，《湖南省长株潭城市群生态绿心地区保护条例》正式颁布实施，以立法的形式保护一片绿地，在全国属于首例。根据《长株潭城市群生态绿心地区总体规划》，绿心内90%以上的区域被划为禁止开发区和限制开发区，除了生态建设、景观保护建设、公共设施和旅游休闲设施建设以外，禁止上马工业及其他可能造成环境污染的建设项目，已有的不合规项目也要立即退出。截至2020年年初，所有工业项目全部停止生产、拆除主要生产设备，违建项目全部退出并完成生态修复。

A园区正好位于长株潭城市群的"心脏"位置，规划面积23.07平方千米，20多平方千米的面积在长沙市乃至湖南省工业园区中都属"小个头"，园区发展空间"先天不足"，同时还有7.51平方千米位于长株潭城市群生态绿心地区范围，对园区产业发展形成了一定限制。

面对发展空间的不足，A园区多年来也进行了各种尝试。园区一直坚持走小而特、小而精、小而优的产业发展之路，让"寸土"产生"寸金"效应，让"小"园区实现"高"发展①。2006年，园区率全省之先试水工业地产标准厂房建设，向高层标准厂房要"生长"空间，向"专精特新"要高附加值。近年来，园区又仔细梳理企业用地状况，发现部分土地利用低效，便通过洽谈收购一批、依法处理一批、推动建设一批等方式，扎实开展闲置低效用地和厂房清理整治，一定程度上缓解了用地紧张的局面。

2009年，A园区引进了国内新能源汽车产业头部企业比亚迪，

---

① 伍玲：《雨花区："飞地园区"成发展新名片》，《长沙晚报》2023年6月11日。

这是园区发展的一个重要节点。园区重点围绕比亚迪,通过先做主体、再做配套,不断拉长产业链,在新能源汽车产业带动下,园区培育了一大批产业链上下游企业。目前,园区形成了以新能源汽车及零配件为主导产业,以人工智能及传感器(含数控机床)为特色产业的发展格局,产业形态体系齐全完整,发展势头强劲,可孚医疗、申亿精密等一大批"专精特新"小巨人企业从这里腾飞。

发展空间的"先天不足"、绿心企业的关停退转加之新企业新项目的不断入驻,A园区实际可供出让的产业用地已经非常有限。据园区负责人介绍,2013年3月份绿心保护条例实施后,园区5年没批征地,除开绿心保护区、已开发用地,A园区目前实际可供出让的产业用地不到100亩。

尽管A园区使出百般解数,但仍然无法解除与生俱来的"枷锁"和"掣肘",园区未来的出路在哪里?直至长株潭一体化进程的加速推进,A园区终于窥见前行的"方向",就是发展飞地经济,建设飞地园区。

那么,省内这么多产业园区,A园区为什么选择了B园区开展飞地经济合作?其实,最初A园区在省内多个地区都进行了调研考察,之所以最终选择B园区,主要有以下几方面的因素。

一是空间上的临近性。"飞出地"和"飞入地"地理空间的临近可以有效降低要素流动成本,交通通勤便利又会进一步放大这种优势。A园区与B园区,两地间仅40分钟车程,C产业园位于韶山旅游主干道东方红路两厢,距离韶山高铁站、韶山高速出入口均不超过2千米,交通非常便利。

二是发展上的互补性。"飞出地"与"飞入地"要存在经济发展的互补性，有互补便有打破行政区划开展合作的内驱力。通常，"飞出地"经济发展到一定阶段，开发强度接近饱和，土地等生产要素供应愈发紧张；而"飞入地"往往困于经济发展水平有限，保有大量待开发土地和丰富的生产资源。通过合作建立飞地园区，既能为"飞出地"产业转型升级提供置换平台，也能辐射带动"飞入地"经济发展，改变其原有的经济地理属性①。A园区是湖南省级产业园区中的佼佼者，近年来智能制造动能强劲，但坐落于寸土寸金的长沙城区，除开绿心保护区、已开发用地，实际可供出让的产业用地捉襟见肘。"建设飞地园区，既是我们的主动作为，也是形势所迫。"A园区的主要负责人这样说②。

三是产业上的关联性。A园区主导产业是新能源汽车及零配件，B园区主导产业是智能制造、新能源新材料（碳基）、食品医药，在产业链、创新链协同方面关联性较强，两地存在产业协同、实现资源最大化利用的现实基础。

四是合作方的重视度。B园区当地政府高度重视飞地园区发展，专门划了园区最核心的一块土地供A园区开发建设，"位置是当地最好的"，在软硬环境方面也为飞地园区发展提供了诸多便利。

三 "飞入地"的现实需求

讲了"飞出地"A园区的故事，接着讲讲"飞入地"B园区的故事，即B园区开展飞地经济合作又是基于什么考虑？

---

① 余莎、游宇：《合伙卖地？地方政府合作与土地资源配置》，《财经研究》2017年第12期。
② 李姝、覃赟：《走进县城看发展：长株潭首个"飞地园区"长啥样》，《潇湘晨报》2022年8月4日。

在市场经济条件下，飞地经济所牵涉的各方主体均具有经济人特性，在飞地经济模式运行过程中，各方主体都会根据自己所获得的利益和承担的代价来做出最有利于自身的决策。除了对口支援与帮扶型等少数飞地外，互利共赢就成为"飞出地"与"飞入地"合作的现实基础和决策逻辑。"互利共赢机制"不单纯是指收益分配机制，它是对飞地经济合作中的发展目标、收益分割、产业兼容、资源特性、风险和合作结构模式之间的相互关系的整体性制度性安排①。

对于 B 园区开展飞地经济合作，从互利共赢角度看，可以总结为以下几点：一是获得政策扶持，形成"飞入地"的先发优势。国家 2017 年印发了《关于支持"飞地经济"发展的指导意见》。湖南省"十四五"规划指出，要打破行政区划限制，通过创新规划、建设、管理和税收分成等合作机制，以产业园区为主要载体，在异地通过共建或托管等方式建设工业项目。《长株潭一体化发展三年行动计划（2023—2025 年）》更是提出：推广 C 产业园模式，共建一批"飞地""托管"产业园。如果未来湖南省出台飞地经济的认定支持政策，作为长株潭地区首个飞地园区，C 产业园自然是"近水楼台先得月"。

二是搭建产业平台，提升"飞入地"的发展势能。在飞地经济中，利益相关者作为理性主体，会充分权衡其要素投入和利益所得，因此，只有存在帕累托改进空间，飞地经济对于区域经济高质量发展才是有效模式。对于"飞入地"而言，技术、资本及产业的本地集聚，新产品、新技术和新产业的引入及与本土比较优势的结合，将推动地区产业结构优化、提高资源配置效率、助

---

① 冯云廷：《飞地经济模式及其互利共赢机制研究》，《财经问题研究》2013 年第 7 期。

力经济高质量发展①。C产业园是飞地经济发展的1.0版本，属于典型意义上的"正向飞地"②。从"飞出地"飞出的企业、项目对于"飞入地"而言是比较先进的，可以带来技术、管理、厂房建设等方面的经验，提升"飞入地"整体产业发展水平。同时，飞地园区落地韶山后，将直接与B园区现有的三一产业园、电子信息产业园等智能制造产业园形成产业集群，在引进相应细分龙头及上下游配套企业入驻之后，可以进一步激活本土产业资源，甚至吸引外地企业入驻。"飞地园区给本地工业上升了一个档次，也是一个新的名片。"雨韶产业园一位负责人这样说。

三是注入产业人才，塑造"飞入地"的竞争优势。飞地经济合作中，除了资本、项目对接外，还有发达地区向欠发达地区人才、技术以及先进管理理念的输出。"飞出地"往往提供两类人才：第一类是产业管理人才，这类人才前期可以对飞地园区进行规划定位和产业布局，推进产业与产业间有机共存，中期开展飞地园区招商运营，为所引入的企业提供柔性服务，后期助力企业家科学决策，对生产、加工、销售等环节进行资源的合理分配，从而减少生产、运营成本。第二类是技术操作人才，这类人才具有关键核心技术应用的能力，可以提升产品在市场中的核心竞争力。

四是提供就业岗位，提高"飞入地"的收入水平。"飞出地"

---

① 李明、王卫：《基于飞地经济视角的区域经济高质量发展机理与路径》，《经济纵横》2023年第6期。
② "正向飞地"是指经济发达地区在经济欠发达地区设立一块经济飞地，形成"飞出地""资本+技术+管理优势"与"飞入地""土地+劳动力+自然资源优势"的结合，如浙江龙泉—萧山山海协作产业园、江苏江阴—靖江工业园区等。"反向飞地"是指经济欠发达地区在经济发达地区设立一块科创飞地，形成飞出地"资源+政策优势"与飞入地"技术+人才优势"的结合，如衢州海创园、温州（嘉定）科技创新园等。

在产业转移过程中，除了加大高精尖人才进行关键技术的支持外，还衍生了诸多产业加工生产岗位，带动"飞入地"劳动力就业，提升当地居民的收入水平[①]。C 产业园的生产基地、配套基地、人才培训等均在本地，这直接带动的便是当地的就业。站在更长远的角度，基于飞地园区所带来的就业机会以及人才吸引力，将形成辐射效应促进当地的工业和旅游业发展，助力长株潭都市圈的加快形成。飞地园区带来的不仅仅是一个项目，还将带来新的理念和运行规则，实现从经济共赢到经济生态圈的共赢，以及社会价值的加速释放。

在上述因素的作用下，开展飞地经济合作，B 园区自然是欢迎的。

四 共建产业园的双向奔赴

明确了双方的想法和诉求之后，合作就"水到渠成"了。

2019 年 12 月，C 产业园正式签约，项目位于 B 园区旅游主干道东方红路两厢，总规划用地 600 亩，总投资 30 亿元，分两期实施。项目由 A 园区全资子公司及 B 园区共同打造，集独栋、双拼、钢构厂房、多层厂房及高层厂房五种建筑形态于一身，集生产、办公、科研、中试、孵化、培训等多功能于一体，重点承接 A 园区人工智能传感器及机器人、航天航空、新能源汽车及其他战略性新兴产业，竣工投产后，将有效填补 B 园区高端智能制造产业空白，形成产业集聚效应，预计年均产值、税收分别可达 60 亿元、1 亿元以上。

[①] 储昊东、潘家栋：《产业飞地助力浙江山区 26 县共同富裕的机制与路径》，《经济观察》2023 年第 10 期。

双方约定建立了税收分享机制，明确 B 园区与 A 园区开发公司对亩均税收 10 万元以上的部分按照六四比例进行分成（B 园区六成，A 园区开发公司四成），利益分享期为 15 年。

双方签订协议后，A 园区积极推动本地企业入驻飞地园区，通过建设高新技术产业高层、多层、单层厂房，为中小企业提供科技创新平台，一方面为以"恒欣""三一"为代表的龙头企业发展保驾护航，为中下游配套企业发展提供"拎包入厂"的便利；另一方面积极拓展特色产业，开拓医药、医疗、新材料等板块，对接"榕树家"中医药饮片生产基地、拓森新材料、西工大创新中心等公司入韶发展，做大做强 B 园区高新技术产业集群。

B 园区则专心护航园区发展。C 产业园落地后，B 园区成立了项目建设服务专班，定期研究解决项目在用地、资金、征拆、审批等建设过程中的堵点、难点，开通绿色审批通道，主动靠前服务，第一时间解决建设过程中遇到的问题。飞地园区招商后，B 园区还建立了项目一对一联点服务机制，对项目方提出的消防验收、用水用电、招商政策等问题，即时交办、现场答复、迅速解决，确保入驻企业、项目按时顺利入驻。为完善园区生活配套，促进产城融合发展，B 园区还引进商业住宅项目，同时在商业住宅项目周边预留小学、幼儿园建设用地，全力化解园区工作人员的住房、教育、医疗问题。

截至我们调研之前，已有 5 家企业入驻，单层厂房已经全部出租或出售，多层和高层厂房正在紧锣密鼓招商中。

飞地经济发展的核心是要形成"飞出地""飞入地"间良性的合作协调机制，如统筹规划机制、管理运行机制、利益分配机制等。国家出台的指导意见也鼓励创新飞地经济合作机制，积极探索主体结构、开发建设、运营管理、利益分配等方面的新模式。C

产业园合作双方为 A 园区下属子公司和 B 园区，层级明显不对等；在建设、管理、招商运营方面基本以开发公司为主，B 园区参与很少，"相当于 A 园区在 B 园区买了一块地，以一个公司的形式在运营"；利益分配机制只约定了税收分成，在主要经济指标的共享上没有明确，导致合作的积极性不高，等等。诸多问题的存在也造成了 C 产业园在实践过程中的"一波三折"。

》》第二节　合作实践的一波三折

过去数十年，我国飞地经济实现了蓬勃发展，但在实际运作过程中仍面临不少困境，存在运行机制不健全、"飞出地""飞入地"合作不顺畅、利益分配机制不完善等问题[①]。规划建设层面存在区位选择和设施安排不合理，管理层面存在运营理念分歧，企业层面存在"飞入地"难以支撑"飞出地"企业的产业链发展等难题[②]。在我们对 C 产业园的实地调研过程中，这些问题都或多或少存在，甚至有些问题超出了我们的预期，导致园区实际运行效果与最初预想之间存在不小差距。

一　认定支持的固有缺失

C 产业园实践中遇到的第一个难题就是政策方面的认定支持缺失问题，这是园区的一位负责同志向我们反映最多的问题，也是合作双方最为关注的问题。

前文已经提到，国家已于 2017 年出台了支持飞地经济发展的

[①] 高幸、张明善:《我国飞地经济运行机制的完善》,《中南民族大学学报》(人文社会科学版) 2021 年第 11 期。
[②] 蒋成钢、罗小龙等:《陷入困境的跨界区域主义——对江阴靖江跨界合作的重新认识》,《现代城市研究》2018 年第 10 期。

专项指导意见。之后,许多省市纷纷出台了适合本地区的飞地经济发展指导意见或实施方案。如海南省出台了《关于在园区实行"飞地经济"政策的实施意见(试行)》,青海省印发了《关于促进"飞地经济"发展的指导意见》,沈阳市出台了《关于支持"飞地经济"发展的实施意见》等。

飞地经济涉及两个或多个不同行政区划主体,由于经济发展水平的梯级差异,往往导致双方产生认知上的偏差,互信关系难以建立。合作双方如果没有省级层面的政府文件作为共同遵循,就难以从产业转型升级、新的增长极培育高度来认知飞地经济发展的重要意义,也就削弱了飞地园区合作的内生驱动力,进而影响到飞地园区的顺利推进①。湖南省早在2014年就启动了金玉乡镇工业集中区等11个产业园区"飞地经济"试点,但迄今为止还没有出台飞地经济发展省级层面的认定标准、指导意见和实施方案。由于相关政策缺失,在飞地园区认定标准是什么?怎么"飞"?对园区和"飞入"企业有什么具体支持?目前都没有明确的说法,导致C产业园相比周边产业园区在政策上并无特定优势,对企业和项目的吸引力不强。

C产业园的一位负责人介绍,"飞地园区"只是他们自己在说的一个概念而已,在实际招商过程中,企业会问"飞地园区有什么特殊政策,其他园区会有什么额外政策优惠?比如说搬迁补贴、技改补贴等",对于这些他们都无法做出正面回答。对于那些已经"飞入落地"的B园区企业而言,"相当于是嫁出去的女儿一样,娘家要不到支持,婆家也要不到支持"。

该负责同志还以湖南邵阳市邵东廉桥医药产业园做了对比,湖

---

① 李琳:《推进"飞地经济"发展,打造湖南经济新引擎》,《湖南日报》2017年11月11日。

南省、邵阳市、邵东市先后出台了一系列支持政策扶持邵东廉桥医药产业园发展。如《湖南省人民政府办公厅关于加快中药材产业发展的意见》明确,"以廉桥中药材市场为核心,建立中药材电子交易平台和市场信息平台,建设国家级中药材集散中心";《关于优化廉桥中药材专业市场环境加大招商引资力度的若干决定》规定,入园医药企业可以额外返税4个点。正因为有明确的产业链指引文件,有明确的返税政策,邵东廉桥医药产业园得以迅速发展。但这是C产业园所没有的。

二 顶层设计的先天不足

开展飞地经济合作要从顶层设计上明晰政府、园区开发主体、入园企业的发展职能定位。飞地园区当地政府主要负责园区前期规划的审定和监督实施、保障园区外围重大基础设施建设、履行社会管理职能等事项;园区管委会主要承担园区土地收储、为园区开发公司提供服务配套和规划园区内基础设施建设等事务;园区的市场化运作交由园区开发公司具体实施①。

C产业园应该是A园区和B园区甚至是两地政府的对接合作,明晰各自的权责利,实际却是A园区下属开发公司跟B园区管委会进行了自下而上的逐步对接,慢慢才引起领导的重视,所以从一开始的顶层设计就是有缺陷的,存在能级先天不足的问题。

C产业园是由开发公司来负责建设、招商和运营的,在B园区当地属于企业,层级明显不够,在调度一些事情、协调一些资源时阻力特别大。例如企业入驻园区有相应的配套需求,如交通物流、企业服务平台等,甚至是在路边开个口子,都需要去协调当地各职能部门,协调难度比较大。

---

① 李琳:《区域合作中的"飞地经济"发展对策研究》,《红网》2016年10月3日。

调研过程中，C产业园的一位负责同志特别提到了要成立飞地园区的工作专班，B园区的主要领导要担任飞地园区建设小组组长，实现高位推动和统筹管理。

关于飞地园区能级的问题，还体现在巡查审计方面。A园区开发公司是区属平台公司，每年省市区对其都有巡查审计，如果飞地园区不突破现有能级，实际上会面临各级巡查审计标准不一致等问题，导致开发公司在决策、处理相应问题时无所适从。例如为了建设好飞地园区，加强项目招商，开发公司不断地降低收益、降低租金、提高免租期，但是省市巡查审计时又有明确的投资效益考核，这会对园区管理运营造成很大压力。

三 招商去化[①]的重重压力

一是经济疲软的外部冲击。近年来，宏观经济持续下行叠加新冠疫情的外部冲击给C产业园的招商引资带来了很大压力。经济形势不好，很多企业采取收缩战略、停止扩张、选择观望。最初A园区不少企业都有向飞地园区转移或是设立分公司的意愿，包括几个行业头部企业，因为2019年整体经济形势不错。而一场突如其来的疫情打破了原有的计划，很多企业开始驻足不前，当初的约定也成了泡影。

二是招商政策的适配难题。从"飞出地"转移的企业，在"飞出"之前享受的是"飞出地"的相关政策，转移到"飞入地"后就要享受当地的政策，这里面存在一个适配度的问题。如果省市对"飞入地"没有额外的优惠政策，加之"飞入地"一般比"飞出地"政策力度小，对企业自然就没有吸引力。在实际招商过程中，因飞地园区落户B园区，入驻企业享受B园区本地招商政

---

① 在房地产领域，招商去化指的是通过销售将库存的房产项目转化为实际销售的过程。

策,而B园区所在城市由于发展基础相对薄弱,招商引资政策对比A园区所在城市根本无优势,难以吸引企业入驻,仅靠开发公司不断降低租金价格及增加免租优惠等措施跟企业洽谈,招商局面艰难。

三是厂房建设的过度超前。由于前期调查研究不足,工业厂房最初是按照A园区所在城市的标准来设计建造的,目前来看对于B园区来说过于超前,建设成本较高,去化压力很大。C产业园的厂房包括独栋、双拼、钢构厂房、多层厂房及高层厂房五种,其中独栋、双拼是预留给科技研发人员等高层次人才办公的,钢构厂房、多层厂房及高层厂房是面向企业生产经营的。单层的钢构厂房由于是稀缺资源,目前已经全部出租或售出,去化压力最大的是多层和高层尤其是高层厂房。

企业入驻多层或高层厂房,首先要面临工业上楼难的问题。大型机械或产品能否上楼,楼层能否承受,相关的用能、消防、环保标准能否达标?这都对厂房提出了较高的要求。因此,工业上楼的产业一般为轻型产业,能耗低、污染小,生产工艺流程相对简单,需要的室内空间尺度较小,内部物流与管线较少,这对多层和高层厂房的招商形成了一定制约。其次是成本核算的问题。多层和高层厂房由于设计建造标准高,自然成本比较高,出租或出售的价格也较高,对企业来说负担比较重。同时,工业上楼也会额外增加企业的用能、物流等成本。最后是入驻人员的心理问题。多层和高层厂房楼层多面积大,而且内部没有装修。除非是龙头企业或多个企业同时入驻,单个企业租用厂房的某一层的部分区域开展生产经营,其他地方空荡荡的,"心里感觉不是很踏实"。

四是转移企业的多重顾虑。C产业园的一位负责同志介绍,招商过程当中,在跟企业谈判过程当中,发现企业还是有很多顾虑。第一个顾虑就是相关成本的明显增加。飞地园区的很多入驻企业都是原公司通过设立分公司或子公司的形式把生产经营中的部分环节或业务板块转移到飞地园区中来，企业需要跨越地理空间开展行政管理和经济开发，相应的管理成本、运营成本、物流成本、人力资源成本等都会明显增加。

企业的第二个顾虑是产业生态圈的构建。龙头企业的入驻对于上下游产业链建设、实现供应链本地化和产业生态圈的构建作用非常明显。A 园区就是通过引进龙头企业比亚迪，最终构建了庞大的新能源汽车产业链和供应链。目前，一些飞地园区缺少龙头企业参与，在产业配套能力和产业集群建设上未能达到理想状态，导致面临"飞出地"产业转移动力不足和"飞入地"吸引力不够的双重困境[①]。B 园区是湖南省内的"小"园区，总体规划面积仅 4.5 平方千米，C 产业园也仅有 600 亩且没有全部开发，加上当地经济发展水平不高、工业基础薄弱，在引进龙头企业、加强产业配套能力、搭建产业生态圈方面"心有余而力不足"。

企业的第三个顾虑是资源关系的协调处理。除了上述几个方面，企业对于当地文化和资源关系的协调处理也非常关注。C 产业园为了招商引资，已经尽力降低了厂房租金水平和免租期，但企业希望的不仅仅是这样，他们更为看重当地资源的协调、公共关系的处理、红色教育培训基地的建设，等等，但园区没有办法去满足。关于资源关系的协调处理，在 A 园区的调研中也得到了印证，A 园区的一位负责同志介绍说，他们经常会组织开展一些企业沙龙活动，"企业和企业在交流过程中，可能一笔生意就谈成了"，但在 C 产业园这种活动很难去协调和组织。

五是税收分成的内在掣肘。前面已经讲过，C 产业园合作双方已经约定了为期 15 年的两税（营业税和增值税）分享机制，B 园

---

① 张贵：《飞地经济的发展逻辑及效能提升》，《人民论坛》2021 年第 9 期。

区方面占六成，A 园区方面占四成，这对企业的招商引资形成了一定制约。C 产业园区的一位负责同志说，如果三一重工、中联重科等龙头企业入驻 B 园区，返税可以达到 90% 以上甚至 100%，乃至本地的龙头企业返税比例也很高。龙头企业入驻 B 园区，可以拿到很高的返税，但是入驻 C 产业园，A 园区方面还要分走 40%，加上没有其他额外优惠政策，企业就会考虑入驻其他地区而不是飞地园区，相当于飞地园区对比其他地区还有劣势，这对招商引资造成了不小障碍。

为了招商引资和厂房去化，C 产业园使出了浑身解数，不再局限于原有的产业定位和发展模式，而是尽量扩展招商目标范围和领域，如对接西北工业大学筹备建设三航馆，面向全国国企共建红色展览馆，甚至准备将高层厂房结构进行改装改做高端酒店等。希望未来这一问题可以得到有效缓解。

四 园区运行的现实困境

一是基础配套投入不足。飞地园区通常为新建园区，配套设施尚不完善，知名度欠缺，主动招商吸引力不强，面临客商洽谈多、实力企业少、项目落地难的困境[①]。C 产业园的前期投入已超过 10 亿元，对 A 园区的财政造成了很大压力，后续投资明显乏力。5 家投产企业的税收收入很低，且 B 园区还要分走六成，导致后续的园区配套设施投入不足，甚至会影响园区的正常运转。

二是企业异地授信困难。企业在飞地园区发展面临的一个突出问题就是金融机构的异地授信。由于湖南省各市（州）之间金融服务没有形成有效衔接，从 A 园区"飞"到 B 园区的企业，在申

---

① 李琳：《推进"飞地经济"发展，打造湖南经济新引擎》，《湖南日报》2017 年 11 月 11 日。

请金融机构贷款时，A园区所在城市的银行就认为是外地企业而不再放贷，企业在"飞入地"由于缺乏本地经营基础，银行流水和财务报表等数据不健全，向当地银行申请授信贷款往往也通不过审核。两地金融服务不能形成有效衔接，对企业生产扩张形成了很大的阻力。

三是经济数据难以共享。飞地经济的利益分享与激励机制是决定飞地合作能否顺利推进的关键。两地政府间、政府与园区运营企业间存在责权利不明晰、合理的利益分享机制尚未建立等问题。同时，税收、GDP统计的属地原则与政绩考核、官员擢升评价体系存在"冲突"，如何有效破解两地政府间税收分成和GDP统计分解难题，是影响合作双方能否持续投入、飞地经济能否可持续发展的"症结"①。

C产业园合作双方已经约定了为期15年的两税分享机制，但由于湖南尚未出台飞地经济发展的相关政策，园区产值、固投、税收、高新"小巨人"数量等经济发展统计数据不能实行"飞出地""飞入地"考核共享，对合作双方的积极性产生了一定影响。如果A园区的企业在C产业园设立分公司，相关的统计数据计入A园区，影响B园区的积极性；如果A园区的企业整体迁移到B园区或在园区设立子公司，相关的统计指标计入B园区，但设立子公司，"环评安评随便就几十万，加大了企业的成本"，影响了A园区的投资积极性。C产业园的一位负责人说，"我们投入了这么多，如果相关统计指标都享受不到，那么为什么还要搞这个飞地园区？"

四是发展环境有待优化。飞地园区有待优化的发展环境包括两个方面，一是生产环境，二是生活环境。生产环境方面，虽然B

---

① 张贵：《飞地经济的发展逻辑及效能提升》，《人民论坛》2021年第9期。

园区所在城市政府对 C 产业园实行高频调度,局面有所好转,但由于顶层设计的先天不足,C 产业园在协调各种资源关系时还是有不小阻力,营商环境也有待进一步优化。生活环境方面,园区没有直通 A 园区的专车,交通通勤还不顺畅;教育、医疗、商业配套还不健全,导致 A 园区的高层次人才不愿意来,影响了园区的进一步发展。

》》第三节 面向未来的机制创新

未来飞地园区要怎么干?结合现有理论研究、实践经验以及 C 产业园所凸显出的主要问题,我们认为可从政策支持、顶层设计、产业组织、利益协调、环境优化等方面协同发力,共同创新和营造飞地园区未来发展的良好局面。

一 飞地园区政策的再创新

飞地经济合作和飞地园区发展最重要的是要形成明确稳定的政策和制度供给,这也是在实际调研过程中听到最多的声音。国家出台的指导意见也提出,充分尊重基层首创精神,创新飞地经济合作机制,有条件地创新政策供给,力争在重点领域和关键环节取得突破。

要坚持运用系统观念,制定完善飞地经济发展的政策体系,充分调动各方面积极有利因素,消除飞地经济发展的障碍阻隔,促进"飞出地""飞入地"顺畅连接。政策体系应该包括三个层面,中央层面出台相关政策文件及配套实施细则,便于地方政策执行操作,加快推进土地、劳动力、资本、技术、数据等要素市场化改革。省级层面出台飞地经济合作发展的指导意见和实施方案,强化在飞地园区谋划布局、政策统筹、要素保障、考核激励等方面的省级协调作用，推动合作双方优势互补、重点突破、共建共享。"飞出地""飞入地"政府针对双方权责划分、利益分配与纠纷解决等问题出台指导性、规范性文件，增强对飞地经济发展的支持力度。

对于C产业园来说，最要紧的是要形成省、市、区（市）三级政府支持飞地园区发展的政策体系，在标准认定、产业导入、财税分成、指标共享、投资容错等方面形成明确可预期的政策规定，破解飞地园区发展中的制度性障碍。

在标准认定上，由省政府对飞地园区进行正式认定授牌，有了授牌就不再仅仅是一句口号。同时，可参照浙江山海协作经验，成立高规格的领导机构——湖南省"飞地经济"发展领导小组，每年定期召开领导小组会议，协调解决全省"飞地经济"发展中的重大问题，实现飞地园区的高位推动和集中统一管理。

在政策支持上，省级层面从管理架构、合作机制、税收返还、数据共享、要素保障等方面给予认定的飞地园区明确支持。鼓励"飞出地""飞入地"签订规范、详细、可操作的合作协议，做到分工明确、权责对等、共建共享。支持飞地园区企业叠加享受"飞出地"和"飞入地"政策扶持，对长株潭搬迁落户至飞地园区的企业享受搬迁补贴、技改补贴、购房优惠、人才引进等政策。支持飞地园区项目在符合有关规定和条件的前提下，优先申报纳入当年度省级重点（重大）项目库，优先申报当年度各类产业资金支持等。

此外，由于飞地园区建设的前期投入较大，相关收益无法很快显现，省级相关部门在审计飞地园区建设的异地投资中，对投入产出比、投资回报率和国有资产闲置等具体审计问题也应给予适当容错支持。

除此之外，还要强化发展典型的示范带动作用，支持正在和有意发展飞地经济的地区前往浙江、江苏等省份学习取经，及时总结梳理飞地经济的成熟模式和特色亮点，选取具有代表性、普适性的有益经验和典型做法予以示范推广。

二 飞地园区顶层的再设计

飞地园区的顶层设计除了相关政策制度外，还涉及园区的投资开发和管理运营。投资开发主体可以是两地政府协商建立的飞地园区管委会或党委会，也可以是政府联合市场主体建立的联合投资机构，其关键是要明确部门职责与管理权限，避免出现多头管理与管理空白。管理运营机制涉及飞地园区的招商模式和管理模式的优化完善，可以采用园中园、托管园、共管园、项目合作等模式，也可以利用资金、技术、品牌、管理等创新合作模式[①]。

除了加强横向的协调联动，还要充分发挥上级政府的统筹指导作用，推动双方就合作项目、合作模式、利益分成、风险分担等关键环节协商一致，签署合作协议或联合发布规范性文件，将经济合作行为上升为契约，为两地深化合作、互利共赢提供保障[②]。

C产业园已完成前期投资开发，当前最重要的是管理运营。在问题部分已经提到，C产业园一开始就存在顶层设计缺失的问题，主要表现在上级协调缺失；层级不对等，能级明显不足，协调组织能力较差；建设运营由"飞出地"单方面操作，"飞入地"参与不足等方面，需要对其进行再设计。

具体从四个方面协同发力：一是建立飞地园区结对双方党委、

---

① 张贵：《飞地经济的发展逻辑及效能提升》，《人民论坛》2021年第9期。
② 赵执：《飞地经济促进区域协调发展的思考与建议》，《映象网》2022年12月23日。

政府联席会议制度、园区议事协调机制、投资开发公司三层管理架构。二是"飞出地"和"飞入地"政府共同建立联席会议制度，不断探索形成适合自身的合作开发模式，力争在开发建设、运营管理、利益分配等重点领域和关键环节取得突破。三是两地园区建立常态化的议事协调机制，加强在产业发展、招商引资、功能布局等方面的对接，定期沟通协商解决飞地园区发展中的问题和分歧。四是投资开发公司负责园区开发、管理、运营中的具体事务。

此外，还要推动两地领导干部互动交流任职、挂职，如 B 园区可选派优秀干部到 A 园区挂职，B 园区主要领导任飞地园区建设专班小组组长，其余领导班子成员以"飞出地"设区市选派为主，实行扁平化管理。

三 飞地园区产业的再组织

飞地园区要实现可持续发展，需要主动对接区域重大发展战略、壮大园区主导产业、加快完善产业链条、建立研发服务平台、提升物流配送能力，实现产业发展的再组织化。

一是对接重大发展战略。主动对接国家区域重大战略和区域协调发展战略，在都市圈、城市群范围内基于城市间比较优势和产业结构的互补性，深化跨区域产业链合作，形成"研发孵化在核心城市、制造在都市圈（城市群）""头部在核心城市、链条在都市圈（城市群）"的产业发展格局，奏响区域协调发展的交响乐[①]。

二是壮大园区主导产业。立足城市群、都市圈总体规划和新发展格局需求，顺应产业发展的短链条、本地化、近岸采购趋势，

---

① 赵执：《飞地经济促进区域协调发展的思考与建议》，《映象网》2022 年 12 月 23 日。

强化头部企业的引领带动作用，由关键点引领线，由关键线带动域面，由域面交织成网络系统，壮大飞地园区的主导产业。对 C 产业园来说，要发挥龙头企业在产业配套能力和产业集群建设上的优势，参照 A 园区"外引骨干企业"招商政策，鼓励推动在智能制造、工程机械行业具有明显竞争优势和示范带动效应的骨干企业注册并入驻园区，支持企业在园区设立区域总部或第二总部、研发基地、技术中心等，加速产业集聚发展。

三是完善产业发展链条。要以"建链、补链、强链、延链"为重点，"飞出地""飞入地"联合引导企业项目和创新资源向产业链上下游企业集聚，构建"研发设计—孵化转化—生产制造—物流配送—服务"良性循环的产业生态。梳理"飞出地""飞入地"产业、企业的资源清单和需求清单，引导支持"飞入地"企业进入"飞出地"头部企业的供应链"生态圈"，探索"总部+基地""主机+配套""上游+下游""品牌+代工"的产业链合作模式。

四是建立研发服务平台。支持在飞地园区建设创新创业中心、技术转移转化平台和知识产权服务机构，同等享受湖南省支持所在地开发区（经开区、高新区）发展的相关政策，推动"产业转移+技术转移"。对飞地园区符合条件的创新能力建设项目，优先推荐参加省级、国家级工程研究中心的申报。鼓励"飞入地"结合自身需求，通过租赁购置物业、设置园中园、建设孵化器、打造招商展示平台等方式，探索在长沙设立"反向科创飞地"和"离岸人才中心"，形成"创新在长沙、转化在园区"的新模式。

五是提升物流配送能力。在调研中，企业和园区都对加强物流配送能力提出了诉求。省级层面需要支持飞地园区联通高速公路、重要枢纽的路网建设，加快完善全国 123 出行交通圈和全球 123 快货物流圈。充分整合中通、圆通、申通、韵达等主要快递资源，加快引进物流配送项目和重点企业，建设电商物流配送中心，构建规模适当、需求匹配的仓储物流配送体系。支持物流企业通过参股、并购、合资等方式参与产业链关键项目建设，完善仓储、货运、配送一体化网络。

四 飞地园区利益的再协调

利益是政府间合作的前提。飞地园区要想获得可持续发展，需要推动相关利益的再协调，明确合作双方在园区建设、运营管理等方面的权责，协调好生产总值和税收等统计指标分享、土地出让收益和工业增加值收益分配等方面的核心利益，形成合作双方都可以接受的利益分配模式[1]。同时，省市层面的政策支持也是必不可少的。

对于 C 产业园来说，主要面临两个方面利益的再协调：经济利益的再协调和统计数据分享的再协调。经济利益的再协调又包括两个层面，一是省市区层面的让利，二是自身税收分成的再优化。

省市区层面需要着眼飞地园区的长远发展，在财税方面进行让渡，并对主要经济指标的考核共享做出明确规定。利益分享期内，省财政从各市（州）"飞地经济"项目形成的税收收入、非税收入的 50%返还"飞出地"所在市（州），市（州）财政从"飞地经济"项目形成的税收收入、非税收入和政府性基金等收入的 50%返还原区（县、市），用于支持飞地园区发展。

项目产生的税收收入园区留存部分，不再分成，由合作双方商定在一定时间内"封闭运作"用于滚动发展，税收达到一定规模

---

[1] 赵执：《飞地经济促进区域协调发展的思考与建议》，《映象网》2022 年 12 月 23 日。

后再按比例分享,"封闭运作"时限和分享比例由"飞出地""飞入地"根据税收贡献自行协商。这也是江苏江阴—靖江工业园区的典型发展经验。

C产业园已经约定了为期15年的两税分享机制,之所以对自身税收分成进行再优化,一方面是飞地园区前期财税收入很低,分成意义不大;另一方面是A园区前期投入过大,已经无力再进行比较大的投资,园区留存部分在一定时间内"封闭运作"用于滚动发展对于园区基础配套建设、招商引资等是有重要作用的。比如在招商引资过程中,园区可以将留存部分以返税形式支持有意向入驻的重要企业,有助于厂房的加速去化和产业链、供应链的快速搭建。

统计数据分享的再协调方面,国家2017年出台的指导意见第十二条指出,"在政府内部考核时,对于地区生产总值、工业总产值、固定资产投资额、进出口额、外商投资额等经济指标,允许合作方综合考虑权责关系和出资比例进行协商划分,仅作专门用途供内部使用"。

因此,省级层面可以对飞地园区地区生产总值、工业总产值、固定资产投资额、税收收入等经济指标,允许"飞出地""飞入地"在部门考核时重复计算,仅作专门用途供内部使用。对于由"飞出地"到"飞入地"设立分公司的企业,不再要求注册为独立子公司,产值、税收等经济指标由"飞出地"和"飞入地"协商划分,切实提升两地合作发展的积极性。

五　飞地园区环境的再优化

飞地园区环境的再优化包括营商环境的优化、融资环境的优化和生活环境的优化。

前面提到，C产业园是A园区下属的开发公司以企业名义购买土地、开发建设和管理运营，存在协调能力明显不足的问题。如果两地成立飞地园区共建工作专班，同时B园区主要领导担任专班小组组长，在部门协调、关系处理方面会有明显提升。

同时，B园区管委会主要领导对C产业园形成了定期调度机制，协调解决重大问题。园区招商引资的所有项目都采取"一事一议"，是对园区发展的重大支持。B园区指定了专门的人员对接飞地园区的招商，并且飞地园区也安排人员纳入B园区管委会经济合作局进行招商，整合了飞地园区跟B园区的资源。B园区对所有飞地园区企业都采取绿色通道，保证企业入驻又快又好。

接下来是园区和企业融资问题。园区要持续发展，需要开展多元化融资。省级层面可以从省级产业专项资金中调剂安排，整合飞地园区产业发展专项资金，用于新落地的符合园区主导产业的项目以及国家级（省级）创新创业平台、园区公共服务平台等项目建设。统筹用好地方政府专项债券、政策性开发性金融工具等资金渠道，完善各类配套基础设施，进一步提升园区承载力。允许园区以资产抵押、设施入股等多种方式拓展融资渠道。鼓励合作方共同设立投融资公司，采取政府和社会资本合作（PPP）、PPP+REITs、PPP与专项债等模式，吸引国有企业和社会资本参与园区开发、项目开发、产业导入和运营管理。

企业要着重解决跨区域授信融资。两地政府可以联合出台相关政策，允许从"飞出地"到"飞入地"成立分公司和子公司的企业，可以享受母公司授信。建立"飞出地""飞入地"和金融机构三方联合授信机制，支持"飞出地"金融机构为"飞入地"企业提供跨区域授信支持。引导金融机构创新支持产业转移的金融产品，推动产业链融资、订单融资、贸易融资、无形资产质押融资等业务发展。创新"小步快跑"金融服务模式，定期举办银企对接会和金融沙龙，引导银行机构服务园区企业。推出金融竞赛"揭榜挂帅"模式，发布"飞地园区"金融服务榜单，引导和激励银行有针对性地优化金融服务。

生活环境的优化要重点解决园区人员的交通、居住、教育、医疗、商业娱乐等问题。作为企业人员来说，如何化解异地通勤的问题？"开通交通专线巴士，完全是可以解决的。"B园区的一位负责人这样说。

居住方面，C产业园的商住项目针对园区街道办以及园区的企业执行团购优惠，额外优惠两个点，一方面可以加快房地产去化进度，另一方面也可以一定程度上解决园区人员的住宿问题。

教育、医疗方面，出台政策，允许从A园区所在城市"飞"到飞地园区的企业，可以同等享受A园区所在城市的教育、医疗资源。通过设立分校、分院等方式，推动A园区所在城市优质教育医疗资源向B园区辐射，等等。当然，这是一个长期复杂和不断磨合的过程。

相信在不久的将来，C产业园必将成为长株潭地区促增长、调结构、转方式的示范区，成为产业转移和飞地经济发展的主战场，引领带动区域高质量协同发展。

第五章

企业空间离散的全新趋势

随着经济发展和全球化的推进,城市群、都市圈产业分工也在不断深化,呈现出从传统的产业间分工到产业内分工,再到产业链分工演变的趋势。在长三角、珠三角、京津冀等城市群地区,产业链分工的特征已经非常明显,一些跨国企业、国内大型企业纷纷在北京、上海、广州、深圳等城市群中心城市设立总部、研发中心、运营中心等,而把加工制造环节设立在周边城市或者中西部地区①。近年来,长株潭都市圈产业分工也呈现出研发向长沙集聚,生产制造向株洲、湘潭等周边城市集聚的新趋势。

>>> 第一节 "研发—制造"分离:产业链分工的实践探索

产业链是一种建立在价值理论基础之上的相关产业集合的新型组织形式。一条完整的产业链包括研发、设计、采购、原材料加工、中间品生产、制成品组装、销售、服务等多个环节,由于不

---

① 魏后凯:《构建面向城市群的新型产业分工格局》,《区域经济评论》2013年第2期。

同环节对生产条件的要求不同,使得各环节的生产经营在空间上发生分离①,而城市群不同城市根据自身的资源禀赋、技术水平和优势条件,承接产业链不同环节的生产经营活动,最终在城市群内形成完整的产业链条。

关于城市群、都市圈的产业分工问题,比较有代表性的观点有:魏后凯认为在大都市圈内,大都市中心区着重发展公司总部、研发、设计、培训,以及营销、批发零售、商标广告管理、售后服务等,大都市郊区和其他大中城市侧重发展高新技术产业和先进制造业,其他城市和小城镇则专门发展一般制造业和零部件生产等配套产业②;李兰冰、刘秉镰指出,研发、制造与服务的分离是城市群产业分工的重要特征③。

梳理各省市"十四五"规划,我们发现产业链分工受到了高度关注,如河北提出"京津研发,河北转化",武汉提出"研发在武汉、制造在城市圈,主链在武汉、配套在城市圈",德阳提出"总部研发在成都,生产制造在德阳",等等④。课题组在长沙、株洲、湘潭调研过程中,发现"研发"在长沙,"制造"在株洲、湘潭以及周边城市,不仅仅是政府口号,而是早已成为了企业的现实选择。

一 吸引优秀人才的迫切要求

城市间的竞争,归根结底是人才的竞争。人才流动往往伴随着

---

① 李靖:《新型产业分工:重塑区域发展格局》,社会科学文献出版社2012年版,第57页。
② 魏后凯:《大都市区新型产业分工与冲突管理——基于产业链分工的视角》,《中国工业经济》2007年第2期。
③ 李兰冰、刘秉镰:《"十四五"时期中国区域经济发展的重大问题展望》,《管理世界》2020年第5期。
④ 张其仔、周麟:《协同推进城市群建设与产业链供应链现代化水平提升》,《中山大学学报》(社会科学版)2022年第1期。

技术、资金、信息等多方面要素的流动，其中蕴含着充沛的发展动能。优秀人才，尤其是优秀研发人才是高新技术企业的核心技术力量，优秀人才的汇聚地自然令无数企业心向往之。

中车株洲电力机车研究所有限公司（以下简称"中车株洲所"）始创于1959年，前身是铁道部株洲电力机车研究所，现为中国中车股份有限公司一级全资子公司，产业横跨轨道交通、新材料、新能源、电力电子四大领域，年营收超过300亿元。2017年6月2日，由中车株洲所历时7年自主研发且为全球首创的智能轨道快运系统（以下简称智轨）全球首发，为各大城市交通出行提供了一种兼顾运能与成本优势的创新型中低运量轨道交通系统解决方案。2017年7月，中车株洲所成立城基事业部；2018年6月，在株洲注册分公司；2018年9月，建成宜宾产业基地，同年12月，全球首条商业运营线路宜宾智轨T1线路开通。然而，为发展智轨产业而成立的分公司却遇到了发展的瓶颈，一是株洲的人口、产业承载能力无法匹配智轨产业发展，二是优秀人才无法满足企业发展需求。向北望去，与株洲毗邻的长沙是个不错的选择。

近十年来，长沙的经济与人口均保持较快的增长速度，2019年，长沙GDP增速高达8.1%，在全国17个"万亿"城市中，位居第一；常住总人口839.45万人，比上年增长2.9%，长沙常住总人口净增量超过了湖南省净增量。长沙历来高度重视人才工作，持续实施"人才强市"战略，是湖南省乃至中部地区优秀人才的蓄水池。中车株洲所有意向在长沙建立子公司，发展智轨产业，湘江新区在招商引资的过程中，非常看好智轨产业，并提出在湘江新区范围之内打造两条智轨线路，长沙城发集团的积极性也非常高，于是，一拍即合，经过周密的筹备，抓住新一轮国企双百改革的机遇，2020年9月，中车株洲所与湘江新区、岳麓区、长沙城发集团签订《中车智轨总部项目合作协议》，9月20日，湖南中车智行科技有限公司（以下简称"中车智行"）在长沙市岳麓区注册成立，公司具备"研产供销"一体化组织体系，拥有株洲、宜宾两大智轨车辆生产基地，主要围绕智轨产业面向全球开展研产销运营，提供智轨系统整体解决方案。

在访谈过程中，湖南中车智行科技公司负责人说道："在株洲的时候人才队伍不是很稳定，每个月有时候还走几个，但到长沙来以后要好些了。我们公司需要引进一些高端人才，主要是博士研究生和硕士研究生，他们希望落户在长沙，不愿意落户到株洲。这也是我们选择来长沙的一个重要因素，因为我们做前沿技术研发一定要有高端人才的支撑，长沙对高端人才更有吸引力。"

中车智行落户长沙之后，发展非常迅速。2020年，公司实现收入2.6亿元；2021年，公司合计新签订单7.8亿元，收入4.5亿元，年度缴纳税收1443万元；2022年，公司新签订单突破10亿元，收入突破5亿元，年度纳税额超1700万；预计2023年经营收入突破8亿元，2024年经营收入15亿元，2025年经营收入20亿元。目前，公司员工超300人（其中工程技术人员占比大于50%），公司共拥有专利100余项，其中发明专利70余项。每年以营业收入13%比例投入研发，累计研发投入超3亿元。2021年，公司被评为湖南省高新技术企业；2022年，被评为湖南省多铰接胶轮运输系统工程技术研究中心；2023年，被工信部评为第五批国家级专精特新"小巨人"企业。优秀人才为中车智行的发展腾飞按下了加速键，中车智行也为长沙的高质量发展贡献了力量。

2023年6月，湖南省提出将长沙打造成为全球研发中心城市，11月，长沙市发布《长沙市全力建设全球研发中心城市人才政策十条（试行）》，向全球优秀人才发出集结号。2023年12月，在

2023中国年度最佳雇主颁奖盛典暨中国人力资本国际管理论坛上，北京大学社会调查研究中心、北京大学国家发展研究院、智联招聘等多家专业机构评选出北京市朝阳区、北京市大兴区、长沙、成都、重庆市永川区、滁州、东莞、福州、湖州、济南、南京、石家庄、苏州、无锡、厦门、银川16个城市为"2023中国年度最佳引才城市"，长沙是湖南省唯一一个入选城市。2024年1月13日，长沙市《政府工作报告》显示，人才总量突破300万。

优秀人才、高端人才汇聚长沙，积蓄着经济蓬勃发展的无穷力量，吸引了众多高新技术企业的目光。规划建设中的湖南钢铁集团技术研究院将建成"技术研究+产业孵化+管理服务"三大功能片区，重点以突破先进金属材料及相关领域前瞻性、基础性、关键共性技术为研究方向，打造世界一流创新型研究院，湖南钢铁集团的负责人在接受记者采访时说道："湖南钢铁集团的生产基地都在长沙周边的几个城市，把研究院设在长沙，主要看中长沙是一座非常年轻有活力能够吸引人才的城市。"

二 集聚创新资源的战略选择

产业链的研发环节是技术要求最高的环节，同时也是处于产业链价值分配高端的环节。赫克歇尔—俄林的要素禀赋理论认为，在要素禀赋存在差异的条件下，技术相对丰富的地区发展技术密集型产业具有比较成本优势。研发企业选址时，重点考虑的是科技资源、创新资源等方面的状况。长沙拥有58所高校，20家全国重点实验室、14家国家工程技术研究中心、99家科研机构、2200多家各类创新平台、31家国家企业技术中心，近80万在校大学生等强大智力资源，为科技创新、高质量发展打下了坚实基础，是研发企业在湖南落户与发展的首选地。

湖南圣瓷科技有限公司（以下简称"圣瓷"）是一家专业从事精密陶瓷零配件生产的民营高科技企业，公司总部位于湖南省长沙市高新区。公司于2008年在深圳创立，2014年9月整体从深圳搬迁至长沙。2019年公司在岳阳市平江高新区成立全资子公司（湖南圣瓷新材料有限公司），占地约30亩，建筑面积约25000平方米，于2021年3月投入使用。圣瓷拥有国内一流的精密陶瓷制造专家及技术人员，专业从事于精密陶瓷零部件研发、生产以及销售，所生产的陶瓷零部件广泛应用于集成电路制造各工序设备。公司现有在职员工150人，其中，研发人员32人，长沙总部主要负责研发、设计、销售等业务，平江子公司是生产基地，每年公司的研发投入在10%左右，2023年被评为湖南省专精特新企业。

在谈到为什么从深圳整体搬迁到长沙，湖南圣瓷科技有限公司陈总说主要有三个原因：一是长沙集聚了大量的科教资源，二是长沙的房价在省会城市中处于较低水平，三是家乡情结。他本人是湖南岳阳平江人，公司搬迁至长沙，既可以为家乡建设出点力，也能更好地照顾父母。近两年来，圣瓷与长沙理工大学合作研发产品，联合培养博士。"未来可能更多的还是投在研发上面，继续加大长沙总部的研发力度。"他对公司的未来规划清晰，研发是公司的重中之重。

2023年，长沙科技创新资源的集聚实现历史性突破，全市全社会研发投入总量达444.43亿元，同比增长21.07%；研发投入强度达到3.18%；全市新增高新技术企业1238家，总量达7889家；新增省级以上平台408家，其中国家级11家；各类创新平台总数超过2600家，其中国家级142家；湖南省"十大技术攻关项目"成效显著，攻克关键核心技术52项；技术合同成交额达到1200亿元，增速超45%；跻身全球领先科研城市前30强。在科技部科学技术信息研究所发布《国家创新型城市创新能力评价报告2023》中，长沙位居101个国家创新型城市的第11位，排名前十的城市依次为北京、上海、深圳、南京、杭州、武汉、广州、西安、苏州、合肥，湖南省还有3个城市榜上有名，分别是株洲排名第48位、湘潭排名第66位、衡阳排名第84位。

"把最好的地块留给科研机构，把最好的风景留给科创人员，把最好的服务留给科创企业！"长沙满满的诚意，吸引越来越多企业、机构以及科研人员加速汇聚。巴斯夫杉杉研发中心、索恩格全球新能源研发中心、圣湘生物高性能医疗器械智能制造全球研发中心、舍弗勒大中华区第二研发中心等重大项目落地长沙，世界钢铁巨头安赛乐米塔尔集团、轨道交通产业龙头企业中车株洲所等公司纷纷将目光投向了长沙，一批高起点、高水平研发中心项目正在洽谈之中。

三　拓展制造空间的现实需要

在城市群内，中心城市一般都是人口规模和经济体量最大的城市，土地、空间、劳动力等要素的价格要比外围城市高得多；外围城市的土地、空间、劳动力等要素充裕且价格低廉，对制造业企业具有很大的吸引力，但是中心城市巨大的市场需求又使得制造业企业不会过于远离核心城市。在生产成本高昂且不断上涨的压力下，为了降低生产成本，一些劳动密集型制造业企业会从核心城市逐渐向外围城市转移①。从产业链角度看，企业总部对生产性服务业需求较为敏感，而制造环节对生产性服务业的需求则较少，在要素成本和运输成本共同驱使下，中心城市的制造业会选

---

① 马燕坤、张雪领：《中国城市群产业分工的影响因素及发展对策》，《区域经济评论》2019年第6期。

择将企业总部继续留在原地，而企业的制造环节或边际效益处于下降的产品通过跨区域转移方式扩散至具有要素成本优势的欠发达地区①。

圣瓷的陈总是一位非常有远见的企业家，2013 年，在公司还未从深圳整体搬迁到长沙时，他已经在长沙高新区范围内买下了一个 2000 平方米的标准厂房。2013—2021 年，公司的研发、生产、销售都在长沙。2022 年，随着公司的业务量的快速增长，必须扩大生产规模，而长沙的这个 2000 平方米的场地已经无法满足公司的发展需要。他首先想到的当然是在长沙拿地，但当时，"亩均论英雄""亩均效益改革"正在园区推行，长沙的地价贵，亩均税收标准高，经过多方考察和比较，他决定把新的生产基地建在自己的家乡——平江。

圣瓷的平江子公司湖南圣瓷新材料有限公司位于平江县高新区。平江高新技术产业园区于 2002 年经省人民政府批准成立，2006 年成为省级工业园区，2012 年被工信部授予"国家新型工业化产业示范基地"，2014 年被省人民政府认定为"湖南省高新技术产业园区"。园区地处长株潭都市圈辐射区，在京港澳高速公路平江西出口，武广高铁东侧，距离长沙霞凝港、岳阳城陵矶港仅 1 小时路程，毗邻长沙黄花机场和汨罗武广高铁站，已进入"长沙半小时经济圈"，交通十分便利。陈总在平江县高新区的伍市工业区买了 30 亩地，建了 25000 平方米的厂房，将整个生产和销售都放在平江子公司，长沙总部则主要是研发。圣瓷的产品是陶瓷零部件，用在生产芯片的设备上，产品的精度很高，因而单价也比较高，产品的主要运输方式是航空，而平江高新区的地价较长沙

---

① 陈国亮、袁凯、徐维祥：《产业协同集聚形成机制与空间外溢效应研究》，浙江大学出版社 2020 年第 1 版，第 343 页。

便宜、招商条件优惠、交通便利，相比在长沙生产，平江生产降低了土地成本，而交通成本并没有提高，因此，他对目前这种"研发在长沙、生产制造在平江"的模式还是比较满意的。

同样因扩大生产规模而将生产基地搬迁至长沙周边城市的另一家企业是湖南三匠人科技有限公司。湖南三匠人科技有限公司（以下简称"三匠人科技"）成立于2018年，公司总部位于长沙市雨花区，是一家致力于现代最优通风干燥技术、能源综合利用技术的研究、开发与应用的高科技企业，拥有多项发明和实用新型专利，在造纸、烟草、纺织、钢铁、化工、建材等行业的通风干燥领域享有盛誉。2019年，湖南三匠人科技有限公司被长沙市科技局评为科技创新小巨人企业；2023年4月，被湖南省工业和信息化厅评为湖南省专精特新中小企业（2023—2026年）。

三匠人科技成立之初，研发、设计、销售环节放在长沙总部，在宁乡租了厂房进行生产制造。随着公司业务量的增加，生产规模不断扩大，租赁面积更大、标准更高、环境更好的厂房成了当务之急。吴总带领团队在长沙雨花经开区、株洲云龙示范区、湘潭九华经开区等地进行了考察，都没有找到合适的厂房。2019年12月，长沙市雨花经开区与韶山高新区携手打造雨韶智能制造产业园。在招商的过程中，雨韶智能制造产业园向三匠人科技抛出了橄榄枝，雨韶智能制造产业园的政策利好、良好的交通区位、单层独栋厂房的现代化厂房以及高品质的园区环境吸引了三匠人科技，于是，三匠人科技成为雨韶智能制造产业园的第一批入驻企业，在园区内买了一栋厂房、租了一栋厂房，2022年4月建成投产，开启"研发在长沙、制造在韶山"模式。

"我们的生产设备，高的有10米，这里厂房有12米高，在长沙，现在很难找到这么高大的厂房了。"湖南三匠人科技有限公司董事长对新购置的厂房非常满意。2023年，三匠人科技的营业收入近5000万元，每年研发投入超过5%，"总部放在省会城市，制造基地转移到周边，这是今后的趋势"。这是企业家吴总对城市群产业分工趋势的判断。

四 产品应用场景的建设示范

智轨全称是智能轨道快运系统（Autonomous Rail Rapid Transit，ART），2017年6月2日，当智轨在株洲首次亮相时，这种融合了现代有轨电车和公共汽车优势的新型交通工具便颠覆了人们对于城市交通的传统认识。智轨的特殊之处在于没有轨道，只是在地面画了导向标线，通过车载光学仪器识别地面导向标线，实现和铺设轨道一样的固定行驶线路。智轨主要有四种适用场景：在大城市，智轨是大运量轨道交通系统的补充、加密及接驳；在中小城市，智轨是城市客运系统的主体或骨干，承担中小城市"地铁"功能；在城市的特定功能区或特定走廊，智轨可以成为客运系统的骨干；在景区或特定园区，可以开设观光型智轨文旅专列。

作为一种新型交通工具，智轨亟须尽快打开市场，智轨产业发展需要更广阔的舞台。中车智行的一位负责人在谈到为什么选择在长沙建立公司曾提到"株洲的城市规模体量承载不起我们的产业发展方向，我们需要一个省会城市，建一两条示范线来打开市场"。从人口、经济总量来看，2023年，长沙市GDP总量为14331.98亿元，位列湖南各市州之首、全国各城市中第15位，占湖南全省2023年经济总量的28.66%，地方一般公共预算收入为1846.11亿元，常住人口为1051.31万人；株洲市GDP总量为3667.9亿元，位列湖南省各市州第5位，地方一般公共预算收入为192.3亿元，常住人口为385.2万人。尤其值得一提的是，近年来，长沙已经掌握了网红城市的流量密码，晋升为网红顶流，接连上榜全国十大热门旅游城市。因此，中车智行将公司总部设立在长沙，确实是一个最优选择。

伴随宜宾智轨 T1 线商业运营的良好示范效应，智轨市场开启深度拓展、在各地全面开花。截至 2023 年 11 月，中车智行在株洲、宜宾、苏州、西安、哈尔滨等城市已经开通 8 条智轨运营线路，合计里程超过 120 千米，已开通线路累计安全运营 1500 万千米，累计载客 3500 万人，节能减碳 24500 吨；国内在建线路 9 条，合计里程 140 千米，宜宾、西安、长沙、德州、拉萨、大理、舟山等城市陆续落地智轨线路。令人欣喜的是海外市场实现重大突破，5 条国外线路加速推进，合计里程近 120 千米，其中，阿联酋阿布扎比示范线 11 千米，马来西亚古晋交通系统 52 千米。

"智轨列车与地铁、轻轨等公共交通工具相比，有什么优势？"在访谈过程中，课题组的研究人员提出了疑问。中车智行的负责人为我们解答了疑惑"我们具有三大优势，首先是建设成本低，有轨电车的建设成本是 1.5 亿—1.8 亿元/千米，智轨的建设成本是 4000 万—5000 万/公里，智轨的建设成本约为有轨电车的 1/3，物理的轨道建设、高架建设都不需要了；第二，建设周期很短，从项目立项到上线 12 个月，这是有轨电车不可能做到的，它至少 3 年；第三，线路运营灵活，如果在调度中心做一些指令的话，可以做一些临时的线路切换，道路场景的要求比有轨电车低"。

尽管由于一些原因，中车智行在长沙的示范线还处于在建过程中，建设进程已经远远落后于智轨在省外线路的推进速度，甚至在发展遇到阻力的时候，公司也收到了广州、苏州等城市的盛情邀约，但是公司的管理层从来没有想过离开湖南、离开长沙。公司的一位负责人说:"我们不会离开湖南,湖南是公司成长壮大的故乡,我们希望把公司注册到长沙之后,这些产品如果在长沙都可能能够运用到,带动了周边城市发展的话,对解决全国城市的拥堵,交通的改善方面,能够找到新的出路,同时按照总书记说的,为人民的美好出行这一块做出自己的贡献,这是我们的一个想法。"谈到未来的发展,他的眼睛里闪着光,"宜宾智轨T1线运营得非常成功,希望在长沙这座新一线城市里面打造两条智轨线路作为进军全国的标杆示范项目;如果长株潭融城交通建设及省内重点景区优先选用智轨,将有利于打造长株潭都市圈及湖南的新形象;长沙智能网联产业具有先发优势,中车智行致力于推动智轨产业和长沙智能网联产业融合快速发展,持续走在全国前列,迈向全球"。

≫ 第二节 发展再遇困境:解决老问题又出现的新问题

随着长株潭一体化进程的加速推进,各类企业不断提升竞争优势,在克服困难中发展壮大,在应对挑战中超越自我,在高质量发展中勇立潮头。中车智行"新一代智轨电车平台的研制及应用"在首届湖南省先进制造业科技创新大赛中荣获"十大科技创新技术"奖;圣瓷在经济不景气的大环境下业绩再创新高;三匠人科技正在紧锣密鼓地迎接日本一家世界500强企业对供应链企业的考察。然而,发展中难免遇到阻碍与困难,解决了老问题,又出现了新问题。

一 跨城管理模式,运营成本有点高

宽敞明亮的厂房建起来了,生产订单越来越多,但是新的问题又出现了。圣瓷的陈总在谈到发展过程中遇到的新困难,首先提

到的是跨城管理带来的运营成本的提高。在访谈过程中，中车智行的彭总和三匠人科技的吴总也提到了同样的问题。

一是管理者的时间成本更高。中车智行的生产基地在株洲和宜宾，长沙总公司到株洲生产基地的车程大概在1个小时，但是距离宜宾生产基地超过了1000千米，乘坐高铁需要5个多小时。在需要做车辆测试和带一位客户参观宜宾示范线路时，一来一回至少需要3天时间，彭总为此非常苦恼，"差旅费不重要，时间成本太高了，耗不起啊，要是在长沙能建个生产基地或者测试场地，该多好"。圣瓷的陈总也苦于长沙与平江之间的往返，"这几年下来我发现其实我们生产基地放在平江还是稍微远了一点，我每周有一半的时间都会待在平江，从长沙出发70分钟左右就到了，但是经常要跑，或者说有什么事必须要跑，其实还是不太方便"。三匠人科技总公司到雨韶智能制造产业园的生产基地约72千米，车程也在70分钟左右，为了降低时间成本，一般情况下，吴总每2周去一趟生产基地。

二是人力资源成本更高。圣瓷平江子公司与长沙总公司的薪资水平是相等的，为了给员工提供更好的公共服务，如购房、子女入学、就医等，平江子公司员工的社保均需按照长沙标准在长沙缴纳，如图5-1所示，2022年长沙在岗职工年平均工资比岳阳高30000元左右，因此，圣瓷的员工工资支出是比较高的。同时，由于一部分管理人员、研发人员需要往返于长沙、平江两地，交通费用也是一笔不小的支出。三匠人科技非常注重员工的薪资福利，长沙总公司与韶山生产基地的员工工资水平高于行业平均水平，且有五险一金，尤其是韶山生产基地由于生活配套设施不高，所有员工均包吃包住。圣瓷的陈总感叹道："研发与生产分布在两个地方，从某种意义上来说，公司的成本更高一些。"

第五章　企业空间离散的全新趋势

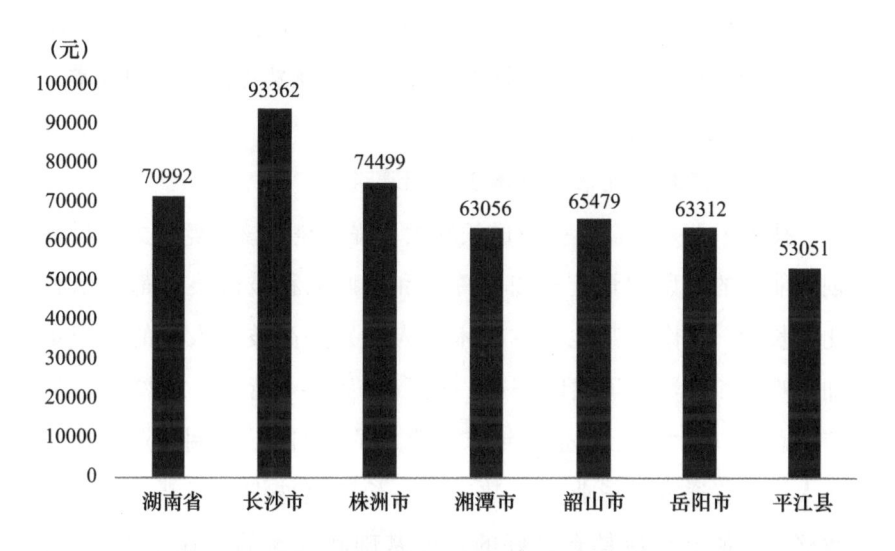

图 5-1　2022 年湖南省及相关市县在岗职工年平均工资

地区	年平均工资（元）
湖南省	70992
长沙市	93362
株洲市	74499
湘潭市	63056
韶山市	65479
岳阳市	63312
平江县	53051

资料来源：《湖南统计年鉴2023》，湖南省统计局。

三是管理成本更高。不同城市的产业政策、财税政策、金融政策、环保政策以及制度不同，总公司与子公司分布在不同城市，需要适应当地的政策，从而提高了行政管理成本。从营商环境来说，长沙比周边城市更好，管理更加规范，制度更加健全，办事效率更高。长沙已经连续四年上榜全国工商联的"万家民营企业评营商环境"，连续三年获评"外籍人才眼中最具吸引力的中国城市之最具潜力城市"，获评 2023 年度"企业家幸福感最强市"、2023 年高质量发展营商环境最佳城市等。长沙曾经创下一个奇迹般的纪录：1 天完成工商注册，10 天完成土地审批流转，从项目筹建到厂房交付仅耗时 120 天。华为时任轮值董事长徐直军对此赞不绝口，直言"到长沙来办企业、来布局产业得到的服务，比深圳、比珠三角还要好得多得多，我已经拿长沙的速度去督促深圳"。而长沙周边城市在营商环境、产业政策、服务水平等方面，与长沙相比仍然具有一定的差距，因此，企业家们一致认为，研发、制造分布在两个城市比同在长沙，需要花费更高的管理成本。

二 生产基地迁移，技术工人招聘难

技术工人是制造业企业成长壮大、提升企业核心竞争力和科技创新能力的中坚力量。圣瓷的陈总和三匠人科技的吴总都表示相比在长沙，湖南省其他地方技术工人特别是高技能人才的招聘更加困难。相关数据可以印证这一点，如表5-1所示，2022年，从年末总人口、"四上"企业年末从业人员、"四上"制造业企业从业人员、普通本科毕业生人数来看，长沙是株洲、湘潭、岳阳的数倍。再加上长沙具有良好的产业基础和优秀的产业工人队伍，生产基地由长沙转移到湘潭韶山和岳阳平江，技术工人的招聘难是意料之中。圣瓷的陈总表示，平江子公司一般从长沙招聘优秀的技术工人。三匠人科技在雨韶智能制造产业园的生产基地投产一年多，来自韶山本地的技术工人不超过30%，大部分是原宁乡生产基地的老员工。

表5-1　　2022年湖南省及长株潭岳相关数据

	年末总人口（万人）	"四上"企业年末从业人员（万人）	"四上"制造业企业年末从业人员（万人）	普通本专科毕业生（人）
湖南省	6604.00	598.30	257.71	449235
长沙市	1042.06	167.00	61.35	205062
株洲市	387.11	59.83	33.00	35802
湘潭市	270.27	37.91	16.17	42304
岳阳市	501.75	50.93	25.51	19064

资料来源：《湖南统计年鉴2023》，湖南省统计局。

近年来,大国工匠、高技能人才的培养已经上升到国家战略人才培养的高度,湖南高度重视高级技能型人才培养,推进产业工人队伍建设,锻造"技能湘军",淬炼"湖湘工匠"。2022年,湖南省教育厅遴选认定湖南农业大学、中南林业科技大学、南华大学、湖南科技大学、湖南工业大学5所本科高校作为"湖湘工匠燎原计划"培养基地,设置"湖湘工匠燎原计划"培养班,工匠型人才。长沙对高技能人才的关怀力度非常大,2022年,长沙出台激励关怀"长沙工匠"16条,2023年707名产业工人被认定为"长沙工匠",将在学历提升补贴、技能竞赛奖励、落户、购房、子女教育、交通、疗休养、就医等多方面,享受到"真金白银"的关怀。而株洲、湘潭、岳阳对高级技能型人才的支持,无论是从选拔人数,还是奖励力度都比长沙小许多,如岳阳"巴陵工匠"2021年40名,2022年、2023年均为20名。因此,优秀人才在长沙的集聚效应更大,周边城市企业很难在当地招聘到需要的优秀人才。

三 形势瞬息万变,政策承诺兑现难

2020年以来,世界之变、时代之变、历史之变以前所未有的方式展开,国际局势出现深刻复杂变化,世界进入新的动荡变革期,我国经济社会发展面临严峻挑战。从2019—2022年湖南省及长株潭地区地方一般公共预算收入来看(见表5-2),情况不容乐观,湖南省地方一般公共预算收入增长94.61亿元,长沙市增长251.77亿元,株洲市减少10.08亿元,湘潭市增长11.91亿元。从湖南省及长株潭地区的固定资产投资增速来看(见表5-3),与2019年相比,2020年固定资产投资增速显著下降,2021年、2022年虽有所提升,但仍未达到2019年的增长速度。与此同时,固定资产项目施工项目与全部建成投产项目逐年下降(见表5-4)。经

济指标在产业政策上的表现就是,产业政策落地难,政府承诺兑现难。

表5-2　2019—2022年湖南省及长株潭地区地方一般公共预算收入

(单位:亿元)

	2019年	2020年	2021年	2022年
湖南省	3007.15	3008.66	3250.69	3101.76
长沙市	950.23	1100.09	1188.31	1202.00
株洲市	200.96	204.60	179.82	190.88
湘潭市	115.52	116.17	126.77	127.43

资料来源:《湖南统计年鉴2020》、《湖南统计年鉴2021》、《湖南统计年鉴2022》、《湖南统计年鉴2023》、湖南省统计局。

表5-3　2019—2022年湖南省及长株潭地区固定资产投资增速(单位:%)

	2019年	2020年	2021年	2022年
湖南省	10.1	7.6	8.0	6.6
长沙市	10.1	6.2	8.2	5.1
株洲市	12.2	9.7	3.3	−15.0
湘潭市	11.2	8.2	9.1	7.9

资料来源:《湖南统计年鉴2020》、《湖南统计年鉴2021》、《湖南统计年鉴2022》、《湖南统计年鉴2023》、湖南省统计局。

表5-4　2019—2022年湖南省及长株潭地区固定资产项目个数

(单位:个)

	2019年		2020年		2021年		2022年	
	施工项目	全部建成投产项目	施工项目	全部建成投产项目	施工项目	全部建成投产项目	施工项目	全部建成投产项目
湖南省	43788	27796	31645	18033	31121	20061	28668	17825

续表

	2019年		2020年		2021年		2022年	
	施工项目	全部建成投产项目	施工项目	全部建成投产项目	施工项目	全部建成投产项目	施工项目	全部建成投产项目
长沙市	8039	3838	5518	3581	5055	3356	4760	3153
株洲市	3754	2289	2711	1655	2675	1776	2078	1224
湘潭市	3728	3273	2408	1400	2626	1808	2162	1541

资料来源：《湖南统计年鉴2020》、《湖南统计年鉴2021》、《湖南统计年鉴2022》、《湖南统计年鉴2023》、湖南省统计局。

2017—2018年，在株洲智轨示范线建设的过程中，由于规划部门不同意完全采纳公司和设计院的设计方案，导致建设完成的株洲智轨线路并不是一条理想的智轨线路。2019年6月开通运营的宜宾T1示范线是全球首条智轨商业化运营线，也是可供客户考察的示范线路。2020年，湘江新区与公司谈合作时，便确定了两条智轨示范线，并写入合作协议。一条是梅溪湖市府线，连贯梅溪湖片区、市府片区及湖南金融中心三大片区，全长约18千米，项目工程投资估算总额约12.5亿元；另一条是大科城线，西起含浦大道与麓景路交会处，终点至岳麓山东门，连通中南大学、湖南大学、湖南师范大学以及麓山景区和后湖，线路全长9.4千米，项目工程投资估算总额约4.2亿元，大科城线是时任省委书记杜家毫亲自确定的线路。但由于一些原因，线路的建设却阻碍重重，到目前为止，仍然没有建成。

三匠人科技在雨韶智能制造产业园的发展也面临着困境。但是截至2023年10月，雨韶智能制造产业园仅有5家企业入驻单层独栋厂房，多层厂房和高层厂房均无企业入驻，园区里虽然干净整洁，但是非常冷清。三匠人科技在园区有两栋单层独栋厂房，一栋作为生产制造基地，另一栋作为研发中心，但是总公司的研发人员却宁愿在长沙市中心写字楼中的狭小的办公室里工作，也不愿意去新的研发大楼里上班。原因有二，一是雨韶智能制造产业园的商业配套比较少，生活并不方便；二是韶山的教育、医疗等公共服务与长沙差距较大。另一个让吴总头疼的问题是，签订协议时谈到的飞地园区优惠政策尚未落地，韶山子公司既不能享受雨花经开区的优惠政策，也不能享受韶山高新区的优惠政策。2022年5月，三匠人科技在雨韶智能制造产业园的生产基地已经投产，2024年，在园区的要求下，即将在园区成立子公司，吴总最大的愿望是政府承诺的飞地园区优惠政策早日落地实施。

>>> 第三节 推进三城联动：产业链分工与协作的优化路径

企业跨区域发展、在空间上沿产业链离散化布局已经成为我国城市群和都市圈产业发展的一种空间分布趋势。企业跨区域发展受到市场容量、劳动力成本、土地成本、服务业发展水平、企业家背景、社会网络关系、城市的文化宽容度和制度等因素的影响[①]，课题组调研的多家企业的发展历程也印证了这一点。因此，要从解决企业遇到的问题着手，打破长株潭三市的行政壁垒，加强都市圈产业链分工与协作，形成"总部在长沙、生产在株洲湘潭，研发在长沙、转化在株洲湘潭，主链在长沙、配套在株洲湘潭，引才在长沙、用才在株洲湘潭"的协同发展模式，提高长株潭都市圈综合竞争力。

---

① 庞琛：《多重异质性、企业空间离散化与产业集聚》，浙江大学出版社2022年版，第191页。

一　强化政府引导、市场主导，优化都市圈企业空间布局

城市群良性发展的本质特征是协调的功能分工与产业体系，在城市群内部，把不同的生产环节放在不同地区，能够更加有效地利用生产要素，使各地区充分发挥比较优势，进一步提高各地区产业专业化程度，增强城市功能互补性，形成互惠多赢的产业发展格局①。近年来，虽然在长株潭都市圈内部，企业沿产业链离散化分布已经成为一种趋势，但是，三市产业链联动不足，需要立足于各自的比较优势和竞争优势，遵循城市群发展的一般规律，推动有为政府与有效市场更好结合，进一步优化长株潭都市圈企业空间布局，重塑产业链，提升区域产业竞争力。

（一）坚持政府引导，实施差异化发展，形成长株潭都市圈产业链分工体系

依据长株潭都市圈的优势条件与产业基础，明确三市的产业功能定位，引导企业根据城市的产业发展重点进行投资和布局。同时，实施产业链协同发展行动，加强长株潭三市空间规划、用地规划、产业规划对接，统筹开展重点产业链招商，形成优势互补、产业链各环节紧密配合的长株潭都市圈产业链分工体系。

在全国范围内，城市群、都市圈"产业同链"加速发展，取得了良好成效。依托长三角城市群发达完备的工业基础，上海协同周边省份形成世界级新能源汽车产业集群，构建从设计、研发到生产的完整产业链，如上海提供芯片、软件等核心技术，江苏常州提供动力电池，浙江宁波负责整车制造，2023年，上海、江苏、浙江、安徽四地的新能源汽车产量共341.78万辆，占全国总

---

① 安树伟、凡路：《京津冀城市群产业链分工格局、机制与发展方向》，《河北经贸大学学报》2024年第2期。

产量的 36.2%。以武汉都市圈"光芯屏端网"产业链为例，九城同心携手打造"光芯屏端网"万亿产业，已形成研发在武汉、转化在都市圈，主链在武汉、配套在都市圈，融资在武汉、投资在都市圈的产业发展格局，预计到 2025 年，初步建成"光芯屏端网"世界级产业集群，产值达到 1.34 万亿元。

在长株潭都市圈，"产业同链"的故事也正在上演。矗立在长株潭都市圈核心区"南大门"、与株洲比邻的湘潭天易经开区，乘着株洲轨道交通产业打造世界级产业集群的东风，主动承接轨道交通产业溢出，建设湘潭天易轨道交通配套产业园，未来 5 年，入驻企业将达到 300 余家，拟撬动一个百亿级先进装备制造产业；位于岳阳汨罗的湖南工程机械配套产业园，对接长沙工程机械产业集群，奋力打造国家先进制造业配套基地。在激烈的汽车市场竞争中，长株潭三市均有龙头引领，长沙比亚迪、湘潭吉利、株洲北汽各领风骚，但无论是市场竞争形势所迫，还是都市圈产业发展的规律，三市"对内互济、对外抱团"都将成为一种趋势，2023 年 12 月，长株潭三市工信部门共同发布长株潭汽车产业协同发展倡议书，携手共建长株潭都市圈新能源汽车产业链。未来，这样的故事还将持续上演，优化产业链分工布局、实施差异化发展是需要遵循的准则。

（二）充分发挥市场作用，有效配置资源要素，推动长株潭都市圈产业分工的形成和一体化的进程

企业为了盈利和进一步发展，在市场机制的作用下，自发地选址设立分支机构和寻找合作的对象，资本、技术、人才等要素在都市圈内自主有序地配置和流动。如精雕集团总部在北京，随着企业的发展，生产和研发团队抢空间抢资源的局面常常发生，2013 年将生产基地和装配基地搬到了河北廊坊，目前，廊坊精雕公司可年产

6000—8000台高精密数控机床，科技成果转化60多项，位于天津北辰区24万平方米的厂房也即将投用，形成了"北京研发、廊坊和天津生产"的分工模式；精伦电子股份有限公司是"武汉·中国光谷"的一家国家级高新技术企业，由于光谷寸土寸金，发展空间受限，2013年，精伦电子将生产基地迁至仙桃，实现了研发在武汉、基地在仙桃，不仅提高了生产效率，而且降低了制造成本。

在长株潭都市圈，企业在发展过程中的业务拓展逐渐形成了"总部、研发在长沙，生产、转化在株洲、湘潭及周边地区"的分工模式，如蓝思科技总部落户浏阳，在湘潭、株洲等地都设立了研发生产基地。随着长沙打造全球研发中心城市的步伐加快，周边城市企业的目光也纷纷投向长沙，如位于娄底市的国家级专精特新"小巨人"企业安地亚斯电子陶瓷有限公司、湖南省农友机械集团正在谋划将研发中心设立在长沙。龙头企业、优质企业在自身发展需求的驱使下，利用不同地区的资源优势，到本地以外的城市建立研发中心和生产基地等，这是推进都市圈一体化发展最有效率的动力。

（三）推动有效市场和有为政府更好结合，探索"双向飞地""异地孵化"等都市圈产业合作方式

随着城市群的发展，中心城市逐渐成为创新主体，其他城市更多承担创新成果落地和物质产品生产功能，并加快提升城市服务配套和产业承接能力。依托头部企业、相关企业、高校以及科研机构紧密协作，实现长株潭都市圈关键技术协同攻关、产业链供应链有效合作、大中小企业融通发展，建设一批重点产业共同体。处理好政府与市场的关系，探索共同开发、利益共享的产业合作模式，推行"双向飞地""异地孵化"等跨区域产业合作方式。

在粤港澳大湾区，随着中国特色社会主义先行示范区建设加速推进，如何在人才、资源、项目集聚的深圳等中心城市设立"创新飞地"，探索"研发孵化在外地、产业化在本地"的"逆向创新"模式，成为吸引高端人才和优质项目的"妙招"。2022年，惠州在深圳设立的异地孵化器——惠深创新中心正式运营，这是一个集企业孵化加速服务、产业及投融资合作对接、产业创新成果展示等功能于一体的双创服务综合体，有地方政府和龙头企业的双重加持，为入驻企业提供优越环境和贴心服务。池州科创中心位于上海市松江经济技术开发区，按照"政府主导+国资管理+市场化运营"的模式运作，将聚焦池州市半导体、高端装备制造、新能源汽车和智能网联汽车、新材料等产业发展方向，积极开展项目、人才招引和科研成果转化落地。

在长株潭都市圈，长沙的很多企业像圣瓷、三匠人一样不断发展壮大、需要更多的发展空间，而株洲、湘潭的一些企业也有在长沙设立研发中心的需求，如果相关政府部门能够根据长株潭重点产业链在株洲、湘潭划定范围作为长沙企业的产业飞地，吸引长沙的优质企业设立生产制造基地或子公司，在长沙湘江科学城建设"反向研发飞地"——株洲（长沙）科技创新中心和湘潭（长沙）科技创新中心，吸引株洲、湘潭的优质企业在科技创新中心设立研发中心，并制定一体化的优惠政策并实施，则可以大大降低企业的交易成本，提升企业的活力。

二 增强都市圈的人才吸引力，打造优秀人才集聚高地

人才是企业发展的第一资源，企业间的竞争归根结底是人才的竞争。2024年5月，在任泽平团队的最新研究成果《2023年最具人才吸引力城市100强》中，排名前10位的城市依次是北京、上海、深圳、广州、杭州、成都、南京、苏州、武汉、无锡，长沙

排名第 13 位，株洲排名第 60 位，湘潭排名第 89 位，株洲、湘潭对人才的吸引力与长沙差距甚远。为了增强长株潭都市圈对人才的吸引力，应进一步推进公共服务共建共享，加强文化基础设施建设，加大引才力度，满足优秀人才对公共服务、休闲娱乐、精神文化、社会认同等多元化需求。

（一）推进公共服务共建共享

借鉴国内外先进服务和管理经验，推进长株潭三市在公共服务领域的深度合作。课题组调研的三家企业均为专精特新企业，企业员工以中青年为主，他们最关心的是子女教育问题，所在城市是否具有良好的教育资源是他们选择一家企业或一个城市的重要因素。优化基础教育设施布局，推动优质教育资源在长株潭三市间的合理流动和共享，实行学区联盟、教师交流等制度，鼓励校际合作与资源共享，大力提高株洲、湘潭的基础教育水平和长株潭都市圈整体教育质量。同时，组织湘雅医院、湖南省人民医院等长沙市优质医疗资源开展结对帮扶，建立长株潭都市圈区域医疗联合体，推进优质医疗资源共享和人员互派。推行远程医疗服务，优化资源配置，降低看病成本。健全三市养老保险待遇领取资格认定信息协调机制，支持长沙市优质养老服务资源在湘潭、株洲落地。统筹推动住房保障、就业和社会保障一体化发展，持续提高共建共享水平。

（二）提升都市圈文化魅力与影响力

习近平总书记指出："文化是一个国家、一个民族的灵魂。"[1] 同样，文化也是城市的灵魂，是都市圈发展更基本、更深沉、更

---

[1] 中共中央文献研究室编：《习近平关于社会主义文化建设论述摘编》，中央文献出版社 2017 年版，第 16 页。

持久的力量。以文聚人、以文留人、以文融人，促进都市圈与人才的长期双向奔赴。充分挖掘湖湘文化、革命文化、生态文化的资源，加强城市文化基础设施建设，打造国际一流的都市圈文化地标。在长沙、株洲、湘潭建设更多的美术馆、博物馆、文化艺术中心、文创空间等提升城市文化活力的设施，完善体育、娱乐休闲、康养等设施建设，营造开放、创新、包容的文化氛围，为引留优秀人才提供精神文化层面的保障。

（三）协同构建引育人才新生态

编制发布长株潭都市圈主导产业、重大创新工程及重点项目所需的紧缺型创新人才需求目录，协同引进领军型、高层次、紧缺型创新创业人才和团队，探索"引才在长沙、用才在都市圈"的新模式。长株潭三市共建高水平吸引和集聚人才平台，推行一体化人才保障服务标准，完善长株潭职称、继续教育资格互认互通机制，促进人才在都市圈自由流动。支持创新型企业和高新技术企业建立院士工作站、博士后科研工作站，鼓励三市高等院校、科研院所与企业联合引才育才用才。

三 加快交通基础设施建设，推进都市圈资源要素自由流动

交通基础设施互联互通是促进都市圈资源要素自由流动和功能优化重构的关键因素。"内部不畅、外部不通"，物流成本高等问题是长株潭立体化综合交通网络建设道路上的一个"堵"点，也是企业跨区域发展的制约因素之一。加快推进长株潭都市圈快速交通网络的形成，构建各种交通出行方式无缝衔接的公共交通体系，降低要素流动的交通成本和物流成本，为产业链供应链上下游企业对接、科技成果跨区域转移合作、空间分布离散的母公司与子公司之间的联系、人民群众的通勤与出行等提供有力支撑。

(一) 加快建设轨道上的长株潭

构建以轨道交通为骨干的多节点、网格化、全覆盖交通模式是城市群、都市圈实现规模经济与集聚效应的关键环节。综观美国东北部大西洋沿岸城市群、北美五大湖城市群、日本太平洋沿岸城市群、英伦城市群、欧洲西北部城市群等世界级城市群,均以轨道交通为重要工具。国内的京津冀、长三角、粤港澳大湾区、成渝城市群等,正在"轨道上"加速奔跑。长株潭都市圈应完善轨道服务网络,形成三市核心区半小时通勤圈、长株潭都市圈1小时通勤圈,与周边主要城市、长三角和粤港澳大湾区等城市群实现1.5小时、3小时通达。

(二) 共建便捷通达公路网络

加密城市交通路网,将长株潭三市建设成为链接省内、连通内陆腹地的重要交通枢纽节点。构建长株潭"日字型"高速公路大环线,畅通南北交通大动脉。打通城际干道的"梗阻""断头"部分,建设好长株潭交通的"最后一公里"。强化城际铁路、地铁、汽车客运站等一般枢纽,加强与公交、停车系统接驳,优化加密城际铁路站点公交车次。借鉴京津冀协同发展经验,探索在长株潭都市圈重要站点之间、具有产业链上下游关系的园区之间开通直达专线,为往返于长株潭三市的市民提供快速便捷的交通方案,提高通勤效率。

(三) 构建高效联通物流网

物流网络是维护产业链供应链安全稳定的重要保障。做强国际物流通道,协同推进国际客货一体航空通道、中欧班列(长沙)、湘粤非铁海联运(株洲)、江海联运(联动城陵矶)、对接西部陆海新通道(联动怀化)五大通道建设,加快推进长株潭共建国家综合物流枢纽，形成内外联通安全高效的物流网络。构建与长株潭都市圈产业、园区、重点企业相匹配的物流集疏运体系，建设多式联运示范工程（长沙）和株洲、湘潭公铁水联运等货运系统，完善同城化配送网络体系，不断提升配送效率。推进"交通+物流+产业"融合发展的枢纽经济新模式，形成长株潭都市圈经济发展新动能，为区域经济增长注入新的活力。

四　消除行政壁垒，合力打造国际一流营商环境

营商环境是企业生存发展的土壤，让企业家们头疼的政策落实难等问题，归根结底是营商环境不优的问题。行政壁垒、地域分隔、行业垄断等为企业在都市圈内的跨区域发展设置了重重阻碍。在长株潭都市圈建设过程中，应加快清理废除妨碍统一市场和公平竞争的规定和做法，逐步消除行政壁垒，打造市场化、法治化、国际化一流的营商环境，促进企业跨区域发展，激发长株潭市场活力。

（一）加快建设服务型政府

按照"业务同标、数据共享、系统互融"的一体化发展思路，强化长株潭都市圈内的政务合作，加快实施三市政务联通互认工程，进一步推进长株潭都市圈政务服务"跨域通办"。课题组在调研过程中发现，政府部门招商引资承诺不兑现、政策执行不到位、"新官不理旧账"、都市圈外围地区各级部门多头检查等问题依然存在，长株潭都市圈应加强政务诚信建设，着力破解政府失信和承诺不兑现的问题；强化政府部门服务企业、扶持企业发展的意识，加快推进惠企政策落实到位，减少同一部门多层检查、不同部门多头检查等现象。打通长株潭都市圈的数据壁垒，推动数字政务建设，实现"一件事一次办""一次办好一件事"。

(二) 建设高标准市场体系

营造一流营商环境，必须充分发挥市场在资源配置中的决定性作用。健全市场准入、公平竞争、产权保护等市场制度，平等对待长株潭都市圈各类所有制企业，建立健全清除隐性壁垒和排斥潜在竞争者行为长效机制，取消企业差别化待遇。全面深化长株潭都市圈要素市场化配置、招投标、行政审批等领域改革，清理妨碍统一市场和公平竞争的政策规定。推进长株潭都市圈社会信用体系建设，在三市信用信息互联互享、跨区域守信激励和失信惩戒、诚信文化共建等方面开展全面合作。大力发展知识、技术和数据要素市场，探索建立长株潭数据交易所，促进数据流通交易和开发利用。

(三) 加快推进法治化建设

法治化营商环境为企业从事经济活动、营利行为提供全方位的行为规制与法治保障，将成为城市群、都市圈在新一轮竞争中的制胜"法宝"。长株潭都市圈应在企业开办、一业一证改革、市场退出、办理破产、监管执法、知识产权保护、多元纠纷化解、绿色金融、产业发展等方面，进一步夯实营商环境法治体系。建立健全长株潭都市圈行业协会法人治理结构，充分发挥行业协会商会在制定技术标准、规范行业秩序、开拓国际市场等方面的积极作用。支持在长沙设立都市圈国际商事法庭等司法机构，加强涉外商事法律服务。

(四) 持续提升国际化水平

中国（湖南）自由贸易试验区长沙片区大胆试、大胆闯，开展了一系列集成式制度创新，构建了长株潭都市圈国际化营商环境的独特优势。课题组调研的中车智行、圣瓷、三匠人等企业均有国际业务往来，随着长株潭都市圈的发展，尤其是长沙建设全球研发中心城市的加速推进，外资研发机构、外资企业总部、外资企业的数量将越来越多，长株潭都市圈应以国际化为重要导向，积极应对全球贸易、投资形势新变化，探索建立与国际通行经贸规则接轨的开放制度。健全长株潭都市圈内海关、商务、交通运输、口岸物流等部门合作机制，推广国际贸易"单一窗口"服务应用，推进通关流程电子化，促进跨境贸易便利化。针对产业发展联动、科技创新协同、国际经贸规则对接等发展要求，推动长株潭都市圈积极主动开放，共同打造国际化营商环境高地。

第六章

数字经济时代的模式创新

随着云计算、大数据、物联网、人工智能等新一代信息和通信技术的发展与应用，数字经济正成为继农业经济、工业经济之后的主要经济形态。数字经济的迅速发展改变了生产、分配、交换和消费各个环节，也同样对企业的空间决策、生产组织以及都市圈产业的分工协作、协同发展的路径和模式形成冲击和影响。

>>> 第一节 规模经济、范围经济与速度经济

规模经济、范围经济和速度经济在工业化进程中扮演着不同"角色"，不断引致产业结构和竞争格局的深刻调整。规模经济主要表现在企业通过扩大生产规模来降低单位产品的成本，范围经济则表现为企业通过扩大经营范围来获得更多的经济效益，速度经济可以帮助企业快速占领市场，提高市场份额，从而获得更多的经济效益。在现代经济中，这三个经济模式仍然发挥着重要作用，它们相互补充、相互促进，共同推动了区域产业的持续发展。

一 传统家电业"昙花一现"：产业协同的规模经济效应

20世纪八九十年代，以家电、纺织业为代表的轻工业，主动

融入全球化潮流，制造能力得到跨越式提升，并呈现规模化发展特征。产业集聚所形成的向心力会吸引生产要素在空间上的聚集，从而推动区域产业的持续发展。数据显示，1980—1997年，我国纺织行业发展迅速，棉纺锭由1780万锭发展到4245万锭。伴随着产业规模在特定空间的持续扩大，市场竞争过度、产品滞销、企业亏损、开工不足、人员富余等"拥挤效应"不断涌现，造成了许多传统产业品牌"昙花一现"。传统产业集聚协同程度与集聚效益之间的关系问题值得探讨和关注。

"益鑫泰服饰，中国人面子。"这是20世纪90年代一句耳熟能详的广告语，益鑫泰衬衫也成为那个年代的高端品牌。凭借苎麻混纺衬衣的独特画风，益鑫泰一度成为益阳乃至湖南纺织业的代表性品牌之一。人民大会堂开研讨会、向天安门国旗护卫队提供服装，益鑫泰的品牌推广十分成功，也取得了良好的经济效益。但如今益鑫泰这个品牌如同过眼烟云，难觅踪影。

湖南传统家电产业曾经也风光无限，呈现规模化发展趋势。20世纪八九十年代，白云冰箱在市场是"一箱难求"，中意、韶峰等品牌曾是中国家电行业的佼佼者。但湖南传统家电行业并未因规模化发展迎来更大的发展，反而盛极而衰，现在传统家电制造几乎销声匿迹。当时白云冰箱年销量超过50万台，与"海尔"齐名，俗称"北海尔、南白云"；中意冰箱技术水平在国内处于领先地位，大部分产品销往北京、天津、上海、山东、广州等省、市，销售额曾在全国同行业中排名第4位；"韶峰"电视机畅销全国多个省、市，并向20多个国家和地区出口。随着中国计划经济向市场经济的转型，现在这些传统名优品牌都相继折戟沉沙（见图6-1、图6-2、图6-3），电视机从最高年份1990年的52.93万台，到1999年停产消失；冰箱产量从1988年的27万台，占全国市场份额的7%，到2015

年湖南晶弘冰箱年产8.9万台,仅占全国0.11%,产能几乎忽略不计。曾经热销北京、东北、西北以及中南等地区,并进入港、澳市场的洗衣机在湖南家电也是昙花一现。

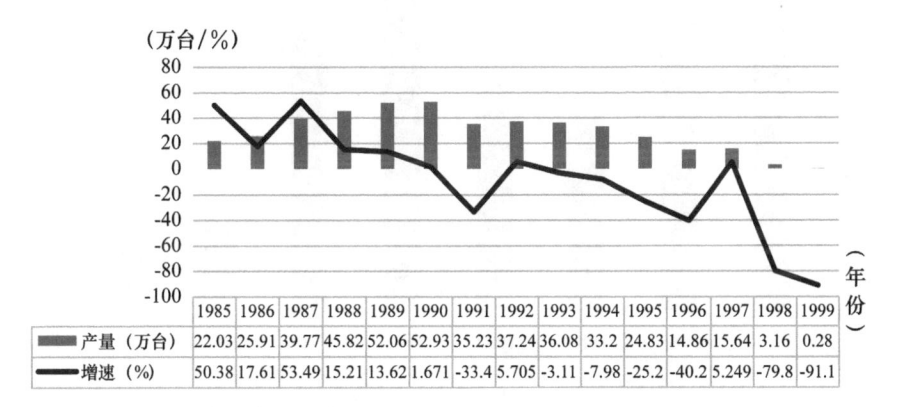

年份	1985	1986	1987	1988	1989	1990	1991	1992	1993	1994	1995	1996	1997	1998	1999
产量(万台)	22.03	25.91	39.77	45.82	52.06	52.93	35.23	37.24	36.08	33.2	24.83	14.86	15.64	3.16	0.28
增速(%)	50.38	17.61	53.49	15.21	13.62	1.671	-33.4	5.705	-3.11	-7.98	-25.2	-40.2	5.249	-79.8	-91.1

图 6-1　1985—1999 年湖南电视机年产量趋势

资料来源:《湖南年鉴》《湖南轻工业志》《工业综合志》。

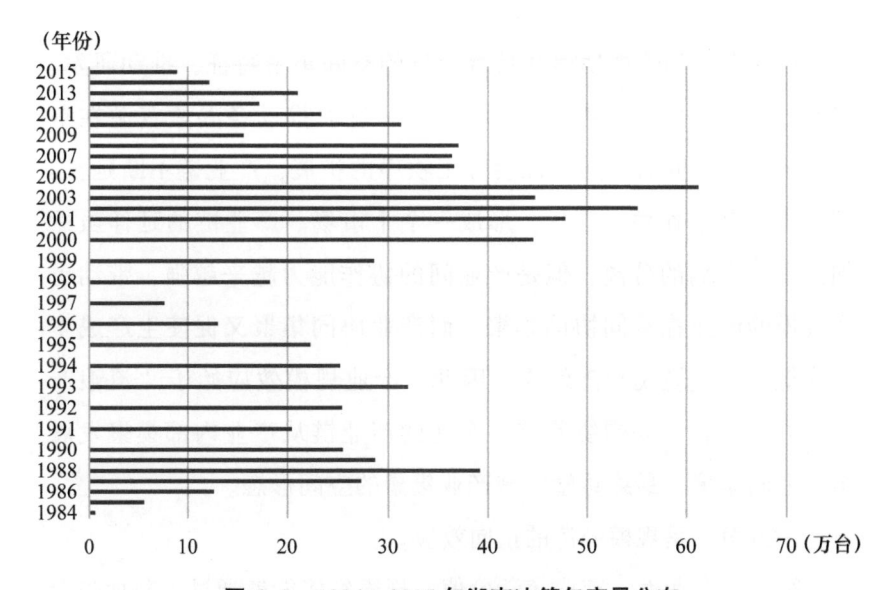

图 6-2　1984—2015 年湖南冰箱年产量分布

资料来源:《湖南年鉴》《湖南统计年鉴》。

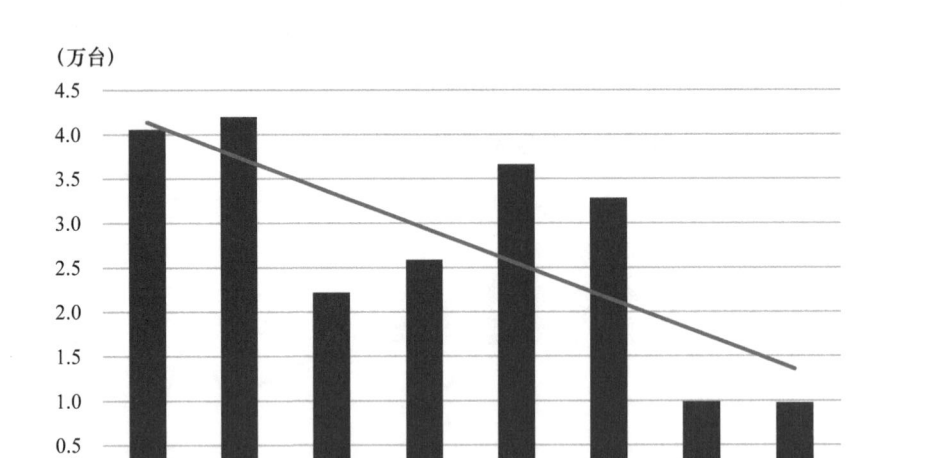

图 6-3　1984—1991 年湖南洗衣机年产量及趋势

资料来源：《湖南年鉴》《湖南轻工业志》《湖南工业综合志》。

产业发展的惯性使得其具有明显的空间集聚特征，推动研发、采购、加工、生产、销售等环节集聚，进而推动各要素资源在空间上的集聚。同时，随着社会分工秩序的扩展，产业链不断延长，催生出一个个作坊、工厂，形成一个个市场。产业链的延伸虽然加速了生产端的分离，但是产业间的协作能力越来越强，带动更大规模的产业在空间协同集聚。而产业协同集聚又促使生产成本的降低，产生规模经济效应。因此，产业规模效应始于"流浪产业"扎根生长，并围绕着核心企业的产业链从产业内部集聚发展至产业间集聚，最终重塑区域产业集聚的空间形态。

一方面，是规模经济的正向效应。

第一，专业性：获取垄断价值。规模经济能够通过不断加强专业化生产的方式，不断获得技术优势，可以提高该产品或行业的进入壁垒，获得特定垄断性市场，进而获得竞争优势。

第二，规模性：获取剩余价值。当产业不断扩大生产规模时，由于固定成本和可变成本的存在，企业能够将固定成本分摊到可变成本中去，由此降低了产业平均单位产品成本。例如，湖南邵东打火机产业每年生产的打火机数量多达150亿只，使每只打火机可变成本很低，所以迄今仍具有很强的市场竞争力。

第三，虹吸性：获取声誉价值。当产业规模达到一定程度的时候，生产要素趋向于流向营商环境、产业结构、交通基础设施、公共服务供给状况良好的区域。比如，企业利用自己的声誉优势，能够为企业集聚更多优秀的人才和大量发展资金。

第四，创新性：获取效率价值。只有产业的规模足够大，产业才能够有一定的资金实力去购买或研发先进的技术和生产设备，大幅度提高产业的运营效率，成本被不断压低。

另一方面，是规模经济的拥堵效应。

按照威廉姆森假说，当集聚达到一定程度时，其经济效应降低甚至转变为负，出现规模不经济现象。在20世纪七八十年代，湖南服装业在全国有一定的地位，服装工业产量、产值、出口创汇等几大指标都位居全国前列。湖南也是南方的产棉大省，苎麻的产量也占据全国60%份额，在占据原材料优势的情况之下，在经历过短暂的辉煌之后，为何如今湖南的服装产业在全国却默默无闻？

一是生产成本提高，企业市场竞争力下降。随着产业集聚的规模扩大，资源需求量增加，本地原材料供给跟不上导致资源配置效率降低，进一步推高企业生产成本，竞争优势不明显。湖南忘不了服饰的执行董事刘佳玫曾表示"他们只需要1块钱就能做成的事情，我们需要3块钱甚至更多"[①]。由于原材料获取的便利性，

---

① 侯小娟：《7000多服装企业只有4个名牌》，《三湘都市报》2014年4月9日。

福建那些企业在"家门口"就能低价获取所需要的原材料，从国外进口面料，江浙省份也能直接上岸即进厂，而从沿海再到内地湖南，运输成本大大增加，导致湖南服装企业生产成本大幅提高。

二是利润空间减少，引发产业恶性竞争。产业规模的扩大虽然有助于增加产品的数量，但也提升了市场竞争强度，为了保持市场竞争优势，有些企业低于行业平均价格甚至低于成本的价格提供产品，结果就是引发企业间的恶性竞争。同时，传统行业技术准入门槛低，企业增长数量较快，产品同质化严重，上述因素容易导致区域产业发展陷入盲目无序扩展状态。

因此，基于规模经济的正向效应和拥堵效应可知，产业的规模效应存在"成长拐点"，在拐点前随着区域产业规模扩大，通过产业链的完整性、资源配置与再生效率的提高带来的经济边际效益的增加；在跨越拐点后，当规模过大、集聚程度过高时，收益增加的幅度小于规模扩大成本上升的幅度，直至收益为负，将产生抑制作用。

二 从乡村走向国际的多元化扩张：产业协同的范围经济效应

综观经济社会的发展，成功的企业在扩张过程中不仅展现出一定的规模经济优势，还需要范围经济优势来共享某些资源，降低单位产品的成本。然而，企业要素在协同聚集过程中，往往存在多用途生产相互干扰问题，引起"范围经济"负效应，造成多元化战略的失败，这样的案例在现实情况中也比比皆是，所以范围经济的"边界"问题也值得探讨。

在中国民营企业的拼图上，三一重工的名字十分醒目。作为三一重工的重要创始人和灵魂人物梁稳根，从1986年下海创业到2023年，用30多年时间，写就了产业"扩张"的传奇。

1986年，国务院做出《关于深化企业改革，增强企业活力的若干规定》，并提出全民所有制小型企业可积极试行租赁、承包经营。全民所有制大中型企业要实行多种形式的经营责任制。各地可选择少数有条件的全民所有制大中型企业进行股份制改革试点。这一规定的出台，让很多对改革开放持观望态度的人决定放手一搏，因为他们深知，企业改制必将淘汰一部分无力回天的小企业和一批进退维谷的大企业。

在此大背景下，1987年湖南省就已有2.2万多名科技人员走出科研院所，到乡镇企业开展科技咨询服务、进行技术经济承包，领办乡镇企业或者离职到乡镇企业工作。在改革春风的沐浴下，梁稳根等8名科技人员、大学生，自愿从洪源机械厂辞职，自筹资金，到涟源市茅塘乡办起"涟源市特种焊接材料厂"，试制生产105铜基钎料，填补了省内空白，产品销往全国20多个省市。投产1年，实现产值60万元，利润20万元。事实证明，他们的介入，不仅激发了市场经济的活力，而且也给自己拓展了生存空间。①

20世纪90年代，中国的城市建设如火如荼，最显著的变化是一幢幢高楼如雨后春笋拔地而起——这些混凝土和钢筋建成的方盒子在当时就是城市的标志。而城市建设大大拉动了市场对混凝土输送泵的需求。而混凝土泵送系统，正是三一打下的第一个"固定靶"。

到2003年，三一重工的拖泵和泵车产品已经占领了国内市场40%的份额，这一块业务也成为整个公司现金流的主要来源，可这个市场每年也就几十亿元的空间。如果三一重工满足于维持现有市场份额，单纯依靠市场的拓展来谋求销售额增长，显然空间

---

① 程富广、肖瑜、李佳怡：《梁稳根的三一之路》，浙江人民出版社2013年版，第5、6页。

有限。

面对大多数企业发展到一定阶段都会面临的瓶颈，三一选择了一条屡试不爽的路径：全面出击，多元化扩展。这样做的好处是，利用范围经济效应，将有限的资源分散在广阔的战场上，同时与不同领域的众多对手展开全面竞争。

联合生产即范围经济带来的成本减少也很显著。这方面的成本利益来自用很多相同的原料和半制成材料并用同样的中间工序来生产多种产品。在同一工厂同时生产的产品数目的增多，降低了每单一产品的单位成本。

范围经济的存在使得三一重工在进行多种产品的联合生产时降低了成本降低。三一在生产拖泵、泵车、摊铺机、搅拌运输车、平地机、压路机、挖掘机和推土机多种产品时可以共享技术渠道、营销渠道、采购渠道等资源。例如，三一重工以"产品广告套餐"的形式，在各个大媒体投放广告，这样做的好处是可以增加广告覆盖面，带来更加高效的投放效果，同时也降低了广告资源的销售成本。

另外，范围经济可以联袂产生协同效应，在迅速的扩张之后，三一重工几乎上马了工程建筑机械行业中的全部主流产品，全部主流产品在协同效应的带动下，能够促使各个细分市场产生一种合力，全面推出更加精细、区域化的特殊需求机型可以满足顾客全方位的需求，而产品形式单一，不能满足市场多样化的需求。

2004年3月1日，"三一控股有限公司"正式更名为"三一集团有限公司"。三一内部报纸这样写道："经过更名，三一集团的名称所代表的概念将完整地体现三一的业务范围和公司整体形象，将有利于公司实现2004年度做强工程机械、进军重型装备、介入轨道交通、瞄准其他机械、推动产业升级等十大重点工作目标。

同时，也可促进租赁、金融、房地产等协同产业全面发展。此次更名并不仅仅是名称、字面的变更，其更大意义在于体现了三一业务的不断扩大。"

工程机械市场的高速发展和较高的赢利空间吸引了很多企业加入。同样，三一也因此埋下了盲目扩张的隐患。随着业务增长，不断开发新产品，进军新领域，摊子不断铺开，三一管理和经营运作能力上的问题不断地暴露出来。

其中最为外界质疑的是三一进军客车行业的决定。2003年4月，三一集团收购绍阳汽车厂成立三一汽车公司，生产重型卡车和工程车辆，并生产了三一客车，但最终因优势不足，已经停产。

时空边界、组织边界和认知边界这三大特点，决定工程机械产业不可避免存在扩张收缩力。具体来说：一是时空边界。由于工程机械属于实物性产品，其生产、制造需要遵循物理定律，受到时间和空间的限制。例如，产品的运输、组装和生产都需要在特定的时间和地点进行，这限制了产业的扩张范围。企业无法轻易地跨越这些物理限制，因此，产业的发展有其固有的时空边界。

二是组织边界。由于传统工程机械产业占比大，组织管理体系相对固定，变革速度较慢。这使得产业的组织边界较为明显，新兴企业难以在短时间内打破现有的产业格局。同时，由于产业内企业众多，竞争激烈，企业需要投入大量资源和精力来构建和完善自身的组织体系，以适应产业发展需求。

三是认知边界。工程机械产品的辨识度高，使得企业在市场竞争中更倾向于同质化竞争。这不仅限制了产业的创新空间，也使得企业难以在市场中形成差异化竞争优势。同时，由于产业内信息交流不畅、知识共享不足，导致企业间的认知差异逐渐拉大，产业的认知边界进一步凸显。

要素使用的离散性和饱和性、专业性、内在多功能性特征是范围经济具有边界性的内在原因。要素在边界范围内,那些多种用途要素在同时满足第二种用途或多种用途时,并不对原有用途产生较大影响,这使得企业在进行多元化战略时,市场、营销渠道、生产、技术、销售、人才等方面的资源共享,要素成本不增加或增加很少,却获得了额外的收益,获取范围经济效应,多元化战略取得成功。要素在边界范围外,若采取多元化战略,由于多用途之间的互相干扰而形成成本增加,并引起负效应大于该要素多用途生产的正效应时,则存在负范围经济,必然陷入多元化经营的陷阱——丧失核心竞争能力、资金短缺、协调困难或财务失控。

传统产业的边界性会因市场需求多元化、产业结构大而不强、技术实力不足、产业组织结构不合理等限制产业协同发展。为了突破这些局限性,未来,以转型创新实现远超同行增长的企业,核心都在于打破产业边界。

三 从"独奏曲"到"交响乐":产业协同的速度经济变奏曲

每次创新都会引发竞争者地位和企业价值的剧烈变化。然而,技术创新一旦被赶超后就会迅速扩散,并且不再有利可图,寻找新的创新点将是下一个目标。

初夏的株洲市石峰区田心街道,绿意盎然,生机勃发。田心茅塘坳,"铁道部电力机车研究所"的门楼掩映在一片翠绿中,穿过带有浓郁时代印记的门楼,一座大型的不锈钢雕塑出现在眼前,雕塑高3.5米,长7米,两端延伸出细长的钢条,一端指向大地,一端直指云霄。

在外人眼中,这仅仅是一座普通的雕塑,但对中车株洲所人来说,这是一个企业的精神图腾,是融入血液的文化因子,也是中车株洲所上下求索的象征，它的名字叫——"时代与运动"。①

在中车时代汽车总装车间，往返如织的车流，步履匆匆的人群，繁忙有序的车间，装配工人在技术操作过程中遇到难题，打开生产线边上的 MES 管理系统，将问题输入后 10 分钟不到，负责技术的工程师便传来了解决方案……

快速化战略作为一个战略竞争的利器在中车株洲所迅速壮大的过程中扮演了重要角色。

一是培育企业产业先见力。在面临竞争之前 10—15 年就已经立足交通和能源领域，积淀了"器件、材料、算法"三大内核技术的研发。

二是加快技术创新速度。批准大批资金用于紧急生产制造新产品，中车株洲所每年将不低于销售收入的 8% 作为创新团队的科研经费，仅仅一年多，中车株洲所储能产业从零起步，到年营收超 40 亿元，2022 年度储能系统订单跃升国内第二、全球第四②。

三是变革业务流程，实现柔性生产。通过颠覆性模式来研发、引进并生产制造出新产品，中车株洲所分别与清华大学、西南交大等高校通过科技项目、创新平台、学术交流机制等形式，开展深度技术合作，整合高校在不同专业领域的科研资源优势，联合研发创新③。

事实上，和其他企业快速化驱动业务范围扩张的一样，中车株洲所开创了一个通过对运营方式的结构性调整加速生产流程的新时代。其结果就是基于时间的竞争，速度经济是其竞争优势的新

---

① 姜杨敏：《蝶变传奇——株洲所六十年发展纪实》，《湖南日报》2019 年 5 月 30 日。
② 肖帅、姜杨敏：《在自主创新中"向头部进军"——中车株洲所践行"三高四新"美好蓝图综述》，《湖南日报》2023 年 9 月 20 日。
③ 谭劲松、宋娟、王可欣、赵晓阳、仲淑欣：《创新生态系统视角下核心企业突破关键核心技术"卡脖子"》，《南开管理评论》2022 年第 3 期。

来源。

中车株洲所的高速列车牵引系统发展是一个快捷高效的协同系统发展过程。首先，通过对市场、政策、技术、发展结构等方面培育企业产业先见力，突破顶层集成技术。其次，通过株洲所与所有部件研制企业协同创新、相互耦合适配，促使组织内部规则适应于企业产业先见力。最后，通过变革业务流程，实现柔性生产，促进研发端与应用端反复交互、迭代，推动组织进行有效资源管理，践行技术创新速度。但从产品落后——追赶阶段到创新引领阶段的发展过程并非一蹴而就，需要在培育企业产业先见力、加快技术创新速度变革业务流程与实现柔性生产间不断循环以持续优化形成快速响应体系。

那些传统的低成本战略要求企业竭尽一切可能降低成本：将生产转移至低收入国家；建立新的生产线或扩建工厂从而获取规模经济效益；或者将运营集中在最具经济效益的活动中。这些都会降低成本，但却牺牲了对消费者需求的快速响应。

正好相反的是，基于培育企业产业先见力——加快技术创新速度——变革业务流程，实现柔性生产，都是以时间为基础的，形成了完整闭环协同链条。企业架构创立和运作都旨在更快地做出反应而不是获得更低的成本或提高管控强度。基于时间的竞争者总是希望能够集中精力减少或者尽量避免延迟，同时也要通过他们的快速响应优势来吸引最有利润潜力的客户。

产业为了适应新的竞争形势，必须树立"速度经济"经营理念，从成本和质量的竞争，转化为成本、质量和反应能力的竞争，即建立快速反应机制，塑造快速应变的核心能力。

如今，很多基于时间的"速度经济"越来越受到全球企业的重视，比如说中国的华为、比亚迪、宁德时代、小米，国外的丰田、本田汽车、贝纳通、联邦快递、达美乐比萨、特斯拉和甲骨文公司。对于这些"速度经济"的典型代表者，时间已经成为最首要的战略要素。通过减少每个业务单元的时间消耗，这些公司同样降低了成本，提高了生产质量并和它们的顾客拉近了距离。

>>> 第二节　数字赋能、路径突破与竞争优势

当传统工业形态之树上"低垂的果实"被摘完，需要凝聚数字化之力，才能穿越"索洛悖论"的丛林，在"新世界，旧世界，还是下个世界？"找准定位[①]，共创未来。当然，在数字时代，竞争优势的来源更加多元化，不仅包括传统的资源和要素协同，还包括数据、算法、平台等新兴要素协同，通过数字赋能产业协同形成的突破路径，能够帮助企业和区域产业发展构建起独特的竞争优势。

一　产业协同的规模经济曲线如何被改写？

产业通过数字化转型，借助于智能制造、工业互联网、大数据、云服务等新一代信息网络技术，对产业链上下游的全要素数字化升级、转型和再造，进而降低制造成本、提高运营效率，最终改写产业协同的规模经济倒"U"形发展演化路径。

不久前，由国际设计奖协会（IAA）设立的法国FDA（French Design Awards）设计大奖公布2023年度获奖名单，在参赛的全球数千件作品中，来自湖南东方时装有限公司（以下简称"东方时装"）的圣得西纳米陶瓷碳运动套装荣获最高奖项法国设计大奖。同时，在2023年"双11"中，东方时装圣得西品牌再次凭借其设

[①] [美] 托马斯·弗里德曼：《世界是平的》，何帆、肖莹莹、郝正非等译，湖南科学技术出版社2008年版，第183页。

计领先,渠道强势,品牌升级,以及以MD系统为导向的企业管理模式,实现销售业绩的翻番,至此东方时装已连续实现30年持续增长。①

目前,东方时装工厂开展大规模个性化批量定制,年产能200万件套,实现生产周期缩短30%,年人均日产量提升15%。从生产方式视角来看,大规模智能定制是以大规模流水线来生产多样化、个性化的产品,进而提高制造价值的一种方式,即大规模生产+个性化定制。②

当制造企业投入超过一定规模并持续提升生产规模时,则会因为生产的各个方面难以得到有效的调和而产生要素拥堵效应,进而降低了生产效率,导致规模报酬递减。我国许多省份曾经因为服装纺织产业规模过大,企业运转效率下降,成本上升,在国际市场中的竞争力下降,生产环节受东南亚、印度、孟加拉国等地区和国家的低成本"挤压",上游环节和高端市场被发达国家"控制",仅2015年,全国倒闭的大型纺织服装企业就有9家,而中小型的破产倒闭企业更是不计其数③。

数字经济正在深刻变革传统制造业并重塑传统制造模式,也是改变区域传统产业规模经济倒"U"形发展演化路径的关键。

东方时装董事长罗文亮于2019年投资5500万元启动圣得西服装智慧工厂"精进成长计划",按照"共性先立、标准先行"的原则,在生产制造环节加快推动"机器换人"。目前,公司已经完成工业设计中心12680平方米的场地升级建设,建成国内首家服装

---

① 章勇:《东方时装董事长罗文亮:商业之道在精进》,《中华工商时报》2023年11月23日。
② 张明超、孙新波、钱雨、李金柱:《供应链双元性视角下数据驱动大规模智能定制实现机理的案例研究》,《管理学报》2018年第12期。
③ 蔡雅芸:《纺织服装业倒闭潮引"蝴蝶效应"》,《每日经济新闻》2015年9月18日。

混合流柔性生产智能工厂。工厂也荣获"中国纺织工业先进集体""湖南省智能制造标杆车间"。①

数字经济时代,圣得西如何实现大规模定制?罗文亮认为,"圣得西的精进之路,必须进一步着眼未来布局,在数字协同上做文章、下功夫,通过设计智能化、采购供应链智能化、生产智能化、管理智能化等协同化发展推动企业发展"。具体归结起来,体现在以下三个方面。

一是通过积累的数据库,实现对顾客需求的捕捉。经过多年发展,圣得西通过店铺观察和线上消费者交易行为获取了大量版型、款式、工艺和物料清单的数据,围绕产品的颜色、款式、功能的喜好,以及目标群体的消费价格区建立数据库。当客户的设计需求导入系统后,强大的数据资源能够和客户数据实现精准匹配,形成了直面客户需求的客户数据源,为有效满足客户多样化的消费需求、找准产品的风格定位、开展差异化经营提供了有力的保障。这种通过现有的数据储备资源来实现对顾客需求的捕捉互动,体现了对现有数据资源的利用和探索能力。

二是通过生产流程数字化改造,实现大规模生产与个性化定制有效融合。圣得西首先建立数据节点,将服装分解成多个独立的模块,针对每个模块都有相对应的生产工位;随后积极推动生产过程的数据化,对每个模块进行电子化标签记录相关工艺要求,员工通过智能终端识别电子标签信息,完成该工位所提出的个性加工要求。同时,数据传感器持续不断地收集各岗位的任务完成情况,并及时反馈到中央决策系统,每一道工序都实现了实时监控,实现了服装生产制程数字化、智能化。目前,任何订单不论

---

① 章勇:《东方时装董事长罗文亮:商业之道在精进》,《中华工商时报》2023 年 11 月 23 日。

数量多少，从接单到入库信息均实现了自动管控、智能调配，有效缓解了传统服装企业人效低、品控难、交付慢、库存多等瓶颈难题。① 如今公司正全面启动二期工程的建设，对生产流程进行进一步梳理、总结、完善，实现制造资源的优化配置，建立服装设计、工艺技术、生产制造、产品检测、人机交付、仓储物流、计划管理等全流程的智能制造标准体系，通过精密制造和智能算法，实现按需和定制化生产，让整个生产环节、生产全要素、全产业链实现互联互通，从而让制造过程变得可感知、可预测、可控制。

三是通过建立起生态伙伴关系，保证了生产过程中的及时配给。服装大规模定制的实现需要借助物联网、大数据、云计算、人工智能等技术促进整个供应链体系的快速响应和精准对接，需要与供应商、客户、政府机构、管理机构、消费者协会、设计师建立密切的合作关系。圣得西通过设立相关规则建立数据化商业平台，扩展了商业生态链接体，整合服装设计、工艺技术、生产制造、产品检测、人机交付、仓储物流、计划管理等各类合作资源。通过将客户的数据及时分享，产业链上游、下游以及中介组织可以实时交互，促进了企业内外部资源快速调度和整合。通过建构起合作伙伴数据网络，充分发挥共生共赢的生态化效应优势，提高了生态圈的整体竞争优势，最终实现了圣得西西服套装、衬衫、休闲裤、上装外套缝制质量达行业领先水平。

总之，数字经济通过数字化制造、数字化运营、数字化供应链管理等环节的赋能，让传统产业最终达到降本减存、提质增效的目的，完成从传统制造业向智能制造的转型升级，最终建立产业的竞争优势。

---

① 《解读圣得西的创业创新之路》，《宁乡发布》2021年11月28日。

二 产业协同的地理边界如何被抹平？

数字经济时代，信息技术的普及极大地降低了交通运输成本对于产业空间布局的影响，创新要素正从地理空间、物理空间向虚拟空间、网络空间集聚，以跨界融合、协同联合、包容聚合为特征的数字驱动机制，促使产业边界呈现模糊化、虚拟化特征，由此进一步引出数字经济时代"距离已死"与"扁平世界"问题的激烈争论。

托马斯·弗里德曼在风靡全球的《世界是平的》一书中指出，地理、空间、时间不再是障碍，企业可以在全球延伸其制造、客户服务和其他商业过程。当世界变得平坦，可能发生的事情就一定会发生。问题的关键在于是你推动了创新还是别人[1]。怎么抹平了企业边界？从三一重工的"根云（ROOTCLOUD）平台"赋能企业高质量发展路径，或许能找到相关答案。

走进树根互联股份有限公司大门，首先映入眼帘的是"赋能万物 连接未来"的标语。树根互联不仅是国家级"跨行业跨领域工业互联网平台"，同时也是首家入选Gartner魔力象限的中国工业互联网平台企业。目前，树根互联"根云平台"已经打造了工程机械、混凝土、环保、铸造、塑料模具、纺织、定制家居等20个行业云平台，赋能48个细分行业。根云平台扎根中国制造土壤，积极开拓海外市场、参与全球竞争，在60余个国家提供工业互联网服务，包括三一重工、卫华集团、普茨迈斯特、星邦重工、长城汽车、金川集团、川润股份、杰克缝纫机、福田康明斯、Segway等众多行业龙头与多家知名海外客户。带动一大批上下游企业

---

[1] ［美］托马斯·弗里德曼：《世界是平的》，何帆、肖莹莹、郝正非译，湖南科学技术出版社2008年版，第357页。

实现数字化转型，不仅有三一重工千亿级的企业应用案例，更在推动平台化产业链生态和实现区域集群转型升级早有布局。①

数字经济正迅速成为企业增长的新引擎。近年来，包括三一重工在内的制造企业对数字化转型的认知也在经历巨大转变。从范围上看，数字化正融入企业转型的各个方面，驱动企业产生组织高效、生产智能、流程优化与供应链协同等转变。同时，数字经济企业体现出超强的市场拓展能力，数字经济业务呈几何级数增长，企业边界突破似乎变得更频繁。②

一是数据资源获取推动企业边界突破。数据资源是数字经济时代企业竞争的基础，海量数据资源将成为未来发展的战略"储备粮"，获取用户数据资源本身就成为企业边界突破的驱动力。2008年，三一重工为了提高集团旗下工业设备的服务效率、降低服务成本，组建了第一支物联网团队，构建了"终端+云端"的工业大数据平台，自主研发智能元器件和专用传感器等"终端"，在研发、生产、销售、供应链（采购、仓储、物流）、设备、安环、质量等环节中实施数字化改造，对旗下132类工程机械装备状态数据信息开展实时采集，进而转化成智能化解决方案③，加强运营精细化管理，实现了降本增效的目标；为抢占跨界数据流量，2023年根云平台连接超120万台的高价值工业设备，设备类型超过5000种。

二是数据资源处理推动企业边界突破。数字经济时代如何处理这些海量数据成为一个现实问题，这就需要有强大的计算能力。

---

① 魏雯静、郭美婷：《互联网的"下半场"在产业互联网》，《21世纪经济报道》2021年7月15日。
② 于畅、李佳雯：《数字经济时代企业边界突破的逻辑与路径》，《商业经济研究》2021年2月23日。
③ 刘思玮：《树根互联的工业互联网实践》，《互联网经济》2018年1月25日。

云计算作为算力基础，三一重工都以自身的根云平台为出发点，将业务边界扩张到云计算。三一重工通过运用云计算，将产品在物理空间内的信息进行数字化、可视化表达，模拟分析产品在不同工况下的状态，得到对应的参数数据，并通过平台企业整合供需双方和设计资源。根云平台面向海量设备数据，提供数据清洗、数字治理、隐私安全管理等服务，以及稳定可靠的云计算能力，并依托工业知识和经验构建工业大数据工作平台。数据资源处理对于具备一定数字化基础的企业，有助于进一步深入开展业务数字化，积累数字化实践经验，为企业的全面数字化打下扎实基础。

三是数据价值基础挖掘推动企业边界突破。数据价值挖掘可以提升企业为用户解决问题的"智慧"程度，本身就是在推动企业边界突破。以树根互联为代表的工业互联网平台企业，借助根云平台，挖掘上下游优质资源数据价值，重塑供应链体系。在家居领域，树根互联为家居产业链搭建上下游协同的数据中台，实现设计端与生产端数据交互。截至2021年，平台已汇聚广州、佛山超20家企业，板材综合优化率超过80%。针对湛江地区小家电产业集群产品利润低、生产管理模式粗放、市场需求数据不透明、原材料与成品库存高的问题，树根互联推动湛江地区十几家企业设备数据、系统数据、供应链数据等要素"上云上平台"，全面实现物流、供应链、生产环节的数据分析与优化，接入平台后，企业的平均生产效率提升10%，设备可靠性提升12%，工艺质量提升10%。

四是数据价值深度挖掘推动企业边界突破。数据价值深度挖掘主要是进入深水区，提供创新的、全面的数字化解决方案，满足用户的潜在需求，并延伸了企业的经营边界。根云平台可以在产品之外为用户提供咨询、营销、金融等增值服务，实现"互联网专家"与"机器专家"的跨界融合，也实现了数字化"生产+服务"的高度一体化。以树根格致为优力电驱打造的"新运力租赁服务平台"为例，此前新运力电池租赁服务平台涉及电池厂商、租赁公司、承租方，流程节点长、各方交易频繁，交易需线上线下反复查证，各方对订单可信度也存在质疑。通过接入"根链"可信存证服务，实现数据可信的设备状态透明化，投资方准确掌握资产状态，减少资金风险，保障设备租赁新模式顺畅运行。

总之，发展要素正从地理空间、物理空间向虚拟空间、网络空间集聚和配置。以跨界融合、协同联合、包容聚合为特征的数字驱动机制，促使产业技术变革和组织变革，最终实现产业边界模糊化、产业集群虚拟化。

三 产业协同的创新生态如何被重塑？

前面章节讲到产业协同的企业生产与研发环节的空间分离，本质上是都市圈产业协同的空间地理创新问题。传统的空间地理创新关注创新什么、怎样创新，更关注"在哪里创新"。在传统工业社会由于创新数据信息传输交流的困难以及安全等要求，加上创新还十分强调空间集聚的缄默知识空间外溢效应，所以一般产业和企业创新要求在地理空间上的集聚与靠近。在数字经济时代，由于开放、共享、协作的数字化创新生态的兴起，产业协同的空间地理创新路径和模式正在面临数字化重塑。

"永磁技术代表着未来牵引方向，早在2003年，我们就组建了国内第一个永磁牵引系统研发团队。"中车株洲所副总经理兼总工程师、永磁高铁项目负责人冯江华说："我暗下决心，在交流传动异步牵引时代，我们是追赶者，在永磁时代，我们不能还走'落后、再追赶'的老路，我们要抢抓机遇，主动布局。"

所谓永磁牵引系统，就是改变以往电机依靠异步电磁感应励磁的传动方式，通过加入永磁体，建立物理磁场，实现电机同步传动。2006年，国内首台电动汽车永磁电机诞生；2011年，永磁牵引系统在地铁首次应用；2014年，第一代高铁永磁牵引系统装车试验；2015年，第二代高铁永磁牵引系统装车试验；2016年，第三代高铁永磁牵引系统装车试验；2023年，全球首列氢能源智轨下线……

截至目前，中车株洲所已投资超百亿元，连续突破了IGBT、SIC芯片等技术瓶颈，掌握从核心元件到核心部件，再到核心系统集成的全套技术，形成完全不受制于人的核心竞争力，实现从"跟随者"到"并跑者"乃至"领跑者"的华丽转身①。中车株洲所依靠交流异步牵引系统研制过程中的技术引进、消化、吸收，以及日益成熟完整的数字化创新生态系统支撑，突破永磁同步牵引技术，实现了"两条腿走路"的战略②。中车株洲所借助数字经济"东风"，实现从静态资源"整合吸收"到动态能力"创新发展"的转变。

首先，中车株洲所强化关键资源引入与提升服务整合能力。一方面，株洲所聚焦高端人才引进培育。在人才培养方面，中车株洲所依托企业大学"时代学院"，构建了分类分层分级培训赋能体系，年均投入超2000万元，实现员工受训覆盖率近100%，其中针对核心人才的培养每年近100小时，为人才发展提供职业能力赋能和激励保障支持③；在人才引进方面，先后与剑桥大学、牛津大学以及清华大学、北京大学、浙江大学、中国科学院等国内外数

---

① 肖帅、姜杨敏：《中车株洲所践行"三高四新"美好蓝图综述》，《红网》2023年9月16日，https：//hngx.rednet.cn/content/646743/50/13057915.html。
② 姜杨敏、李伟锋、李永亮：《荣光与梦想——中车株洲所六十年蝶变纪实》，《湖南日报》2019年5月30日。
③ 肖帅、姜杨敏：《中车株洲所践行"三高四新"美好蓝图综述》，《红网》2023年9月16日，https：//hngx.rednet.cn/content/646743/50/13057915.html。

十所高校院所建立了科研、人才培养等项目合作，并引进相关人才。另一方面，中车株洲所聚焦服务能力整合。不同于交流异步牵引系统拓扑结构和控制算法的变动，永磁同步要求重新分配模块功能范围，中车株洲所需要在拆解技术接口时联合部件研制企业，通过设计联络会围绕功能分配、模块边界、接口进行一定的交流、协调，确定子技术分支的输入、输出；随后部件研制企业自行生产，再将制成品交由中车株洲所组装[1]。

其次，中车株洲所全力布局运营数字化平台。中车株洲所正在以轨道交通数据集成和共享为核心，加快构建以车辆牵引和网络数据为基础，辐射车载各部件设备以及轨旁、检修等数据的集成共享平台，打造轨道交通领域数据中台和业务中台产品，为公司大系统集成战略在数据融合领域提供技术和产品支撑。一方面，纵向上专项关注服务产业的推进工作，坚持以市场为导向、以客户为中心，在融资租赁、工程服务、运维服务、技术改造、备品备件、部件维修等全业务领域内稳扎稳打，并逐步建立产品全生命周期解决方案，提升自身核心竞争力，突出打造技术改造、现场运维、备品备件销售三个核心服务业领域。[2] 另一方面，横向上扩大业务覆盖范围，在技术同向、市场同心的"基因"主导下，近年来中车株洲所先后并购丹尼克斯、代尔克、德国 E+M、BOGE（博戈）、英国 SMD，较短时间内迅速拓展业务领域，由轨道交通延至汽车，由陆地拓至深海；[3] 同时，中车株洲所在境外企业超 20

---

[1] 谭劲松、宋娟、王可欣、赵晓阳、仲淑欣：《创新生态系统视角下核心企业突破关键核心技术"卡脖子"》，《南开管理评论》2022 年第 3 期。
[2] 卜文娟：《中车株洲所突破数据藩篱 夯实"产品+服务"战略》，《中国发展网》2021 年 6 月 24 日，http://www.chinasei.com.cn/ad/ad9/202105/t20210528_38655.html。
[3] 高晓燕：《中西结合的双剑合璧 揭秘中车株洲所海外称雄之路》，《株洲新闻网》2017 年 2 月 20 日，https://www.zznews.gov.cn/news/2017/0220/246088.shtml。

家，拥有 5 个海外研发中心，产业版图覆盖全球 30 个国家和地区①。

最后，中车株洲所通过构建数字生态实现企业与客户间价值共创。在引入关键资源、提升服务整合能力以及布局运营数字化平台后，中车株洲所利用数字技术资源与数字市场资源加快构建数字化产业生态，积极打造创新联合体。从组织看，中车株洲所联合浙江大学、四方股份、株洲电机在内的所有成员共同参与运营跟踪，并在行业内寻求生态伙伴，筛选与企业数字化发展相匹配的客户。从组织内部看，早在 2007 年，中车株洲所就积极探索在动车、地铁维保等业务领域寻求突破，2020 年总投资 50 亿元的中车株洲所产业基地正式落户西咸新区，重点推动西北市场智轨技术的推广。中车株洲所正是基于数字化平台的资源共享、优化价值链、增强创新能力，实现从技术研发、产品设计、生产、销售到售后服务的全流程数字化产业生态，形成创新联合体，从而达到生态共赢的目标。

≫ 第三节 逻辑重构、数字治理与组织变革

随着数字化、人工智能、物联网等领域突破性进展，一系列技术和社会变革正在加速演进，人类正在迈向第四次科技革命。其中，数据作为新型生产要素，正快速融入生产、分配、流通、消费和社会服务管理等各环节，深刻改变着生产方式、生活方式和社会治理方式，也驱动着都市圈产业协同发展模式和路径的逻辑重构和组织变革，同时也对产业协同发展的数字治理提出了新要求。

---

① 肖帅、姜杨敏：《中车株洲所践行"三高四新"美好蓝图综述》，《红网》2023 年 9 月 16 日，https：//hngx.rednet.cn/content/646743/50/13057915.html。

一 数据要素引入后的逻辑重构

前面章节讲到的都市圈产业协同的飞地园区、邻近地区产业溢出、企业研发和生产环节的空间分离，其间的底层逻辑是土地这个产业发展核心要素的稀缺性、价值的差异性。作为产业发展的空间载体，因为发达地区产业园区产业用地不足，促使了飞地园区的产业协同发展模式创新以及产业的就近扩散和溢出；因为中心城市土地上承载的优质公共服务产生的区位价值差异，促使企业主动将生产和研发环节在空间上实现分离。可见，当前都市圈产业协同的内在逻辑主要是由土地这个核心要素主导。本章上一节所讲到的规模经济曲线改写、产业边界被抹平、创新生态的重塑，还只能算数字化对产业发展的赋能，如果数据真正成为一种生产要素并被广泛应用，那么对产业发展组织方式的影响就是颠覆式的变革。

要深刻理解这种正在发生的变革，不妨从互联网的发展历程说起。第一代互联网也叫 PC 互联网，是以电脑客户端作为主要特征，信息传播方式是用户通过浏览器获取信息，互联网向用户展示内容。在二者关系中，用户只能去被动接受这些内容。因此，第一代互联网本质上是一种纸媒的电子化、数字化，用户单向获取信息内容，没有互动体验，互联网的页面是静态的，内容都是来源于服务器的文件系统。

第二代互联网也叫移动互联网，智能手机、平板电脑、智能眼镜、智能手表、智能家居等各种智能终端及物联网传感器都将接入无线网络，每个人离网络更近了，而且最关键是内容的生成方式发生了很大的变化，让人成为信息的一部分，以抖音为例，每个人都可以成为主播，每个人都可以生产内容，而且提供服务的网络平台成为中心和主导，聚集起海量网络数据，对各个行业都产生了很大的影响，由此引起整个人类生产方式、生活方式及各个领域的变革。

而当前正在兴起的第三代互联网也叫去中心化的互联网，具有三个典型特征。第一个特征是数实融合、数字孪生。通过 AI 技术将真实世界复刻至数字虚拟世界，搭建起数字虚拟世界的时空场景、创建虚拟的数字化人物，实现数字世界与真实世界的关联构建、异质空间的 IP 映射等。虚拟世界中的事物彼此交互，形成虚拟的原生生态体系，例如虚拟世界中自我的多个虚拟人分身能进行多任务分工协作和对话，虚拟人和虚拟环境之间可进行信息传递、交互。在虚实世界中，自然人、虚拟人、机器人共相交互，共同演化、进化，虚实场景也相互作用。第二个特征是沉浸式体验。元宇宙属于第三代互联网的先行者，它为我们提供了一个前所未有的沉浸式体验。借助虚拟现实（VR）和增强现实（AR）技术，元宇宙能够让人们身临其境地探索一个完全数字化的世界。在这个世界里，人们可以自由地与他人进行沟通、娱乐、学习，甚至开展商业活动。第三个特征是数据主权。第一代、第二代互联网的数据是归属于平台的，但第三代互联网数据是归个人所有的。在第三代互联网的世界中，每个人既是数据的生产者，又是数据的所有者和使用者，数据所产生的价值都归个人所有。因此，数据成为继土地、劳动力、资本、技术四大生产要素之后的第五大生产要素，它对未来整个世界的经济社会发展会产生重要作用。在第三代互联网中非常重要的特点就是数据作为一个要素，它的价值会回归个人。如何实现价值回归到个人，关键要解决数据的权益问题，实现数据权益归个人所有，归数据的贡献者所有。

2023 年 8 月，财政部印发了《企业数据资源相关会计处理暂行规定》明确表示，数据要素自 2024 年 1 月 1 日起将正式计入资产负债表。数据要素入表意味着数据完成了从自然资源到经济资产的跨越，作为数字经济时代的第一生产要素，数据有望成为政企资产及地方财政收入的重要组成部分①，这是非常重要的举措，具有划时代意义。

数据要素入表有一套非常完整的标准，也叫数据资产评估管理办法。资产评估方法是指评定估算资产价值的途径和手段，是在多学科的技术方法基础上，按照资产评估本身的运作规律和行业标准形成的一整套方法体系。数据要素入表最关键的变化在于，以前资产负债表里只有电脑、土地、设备或者是专利，等等，有有形的也有无形的，主要是有形的不动产，动产比较少。未来企业的数据要素可以作为一项无形资产进入资产负债表，甚至将数据要素纳入国民经济统计核算，这对整个国民经济的影响是深远的。比如数据要素入表企业无形资产多了很多，可以做资产质押去银行贷款。今后，如果土地资产不值钱或者贬值，数据资产就可能取代土地资产，逐步成为一种极其重要的新型资产。从国家和地方政府财税收入看，过去几十年都是围绕土地来建立财政收入和分配机制，包括制度设计、财税体系、产业结构都是围绕土地要素展开的。当前，随着土地红利和人口红利的衰减，数据红利时代正在到来，地方经济发展尤其是产业发展的底层逻辑也将实现重构。

结合上一节已经讲到的情形以及未来的发展趋势预判，数字时代产业发展企业空间决策、生产组织以及都市圈产业的分工协作、协同发展也将呈现全新的发展趋势：一是平台化趋势。从过去强调地理空间的生产中心、销售中心的布局，转变为线上线下一体化的平台体系建设，通过工业互联网、工业云平台、工业App布

---

① 朱开云：《数据资源写入资产负债表 将给中国数千万企业带来什么？》，《北京青年报》2023年8月24日。

局，促进基于数据的跨区域、分布式生产和运营，提升全产业链资源要素配置效率。二是生态化趋势。地方政府不再以引进项目、集聚企业为发展目标取向，而是推动支持企业通过网络联通形成跨界融合的产业生态。从产能合作向产业链合作延伸，形成产业链互补链接、上下游融合发展的产业共同体①。三是虚拟化趋势。技术创新的系统化、创新组织的网络化和产业组织的虚拟化，共同加速推动了基于传统地理空间的产业集聚向各类虚拟集聚演化与发展。主要包括基于信息技术的网络空间虚拟集聚、基于功能距离的地理空间虚拟集聚以及基于实虚空间一体化的虚拟集聚②。某种程度上，产业和企业的平台化、生态化也是产业组织虚拟化的一种具体形式。

二 重点要解决信任的数字治理问题

企业空间决策、生产组织以及都市圈产业的分工协作、协同发展的平台化、生态化和虚拟化，其间既需要变革性技术的驱动，也同样需要数字治理的制度和机制创新提供支撑。

公司注册在长沙经济开发区的天河国云是一家专注于提供区块链底层技术研发和软硬件开发的高新技术企业，也是国内专注区块链安全风险检测的首家平台，连续四年在中国区块链企业排名中位列前10名。"我们的定位是做Web3.0时代的数据流通领导者"，天河国云董事长兼CEO谭林介绍："Web3.0就是第三代互联网，也叫新一代互联网，通过新的协议，让互联网更加去中心化、更加安全，让用户掌握自己的数字身份和数字资产，通过技

---

① 白津夫：《面向数字时代要形成新的产业逻辑》，《澎湃在线》2020年9月21日，https://m.thepaper.cn/baijiahao_9318856。
② 赵璐：《虚拟产业集群：数字经济时代下的产业组织新趋势》，《科技日报》2021年6月8日。

术体系与经济体系的协同创新，促进数实融合发展。"①

第三代互联网技术与应用运行逻辑主要包括四个方面：一是去中心化，数据权属由平台集中走向用户自主；二是机器信任，由依赖人和机构走向算法背书的规则；三是创作经济，数据要素可确权激励内容生产和交易流通；四是数字原生，由数据价值化带来的新型经济空间，通过内嵌价值体系就能够自循环，完成交易行为。②区块链正是基于上述底层逻辑，在确保在数据安全的前提下，创建可交互的 Web3.0 数据空间。

天河国云董事长兼 CEO 谭林认为，信任是人类社会存在和发展的重要基础。企业间信任主要是基于商业契约、合同来保证信任关系，然而，合同本质是国家机器在做"背书"，所以就有公检法系统维护整个合同的公信力。③另外，还有一套体系是技术公信力、技术信任，比如说国家机器在某些场合下存在"信任"失灵，或者说用国家机器这套体系建立信任成本很高的情况下，这时候通过什么机制建立"信任"呢？现在的货币体系是基于国家公权力，比如货币是不是贬值，是不是坚挺，这是跟国家公权力支撑有关系。言外之意，国家强大货币就坚挺，假如国家混乱，货币就不值钱，就会贬值，这就是主权货币。另外，主权货币容易增发，像疫情期间经济下滑，美联储就开动美元印钞机对冲国际贸易风险。疯狂印钞后，到底谁来买单呢？答案是全世界人民买单，比如现在的 100 美元等到十年后，可能就是 50 美元的购买力。因此，必须建立一种社会信任的工具。

区块链就是解决信任机制的技术，它最早来自比特币。比特币

---

① 根据课题组调研访谈的录音整理。
② 刘四红：《Web3 开放生态 数据"跑起来"》，《北京商报》2023 年 4 月 27 日。
③ 根据课题组调研访谈的录音整理。

其实是一个理想国，是一套基于技术信任的货币体系。比特币是数字符号，但这个数字符号是共同来见证记账。比特币是基于区块链技术的，区块链技术是一种分布式账本技术，它可以在网络中记录所有比特币的交易记录，这些记录是不可篡改的，可以让比特币的交易变得安全可靠。

区块链是基础设施，区块链和金融、文创、司法及实体经济都能结合，是一种新型的数字技术，可以形成新的数字产业。比如说甲乙两家医院要共享数据，甲信不过乙，乙也信不过甲，甲不敢把自己的数据给乙，乙也不敢把数据给甲，但如果双方都不给这就是个囚徒困境，双方都得不到好处。如果甲把数据给乙，乙也把数据给甲，双方是放心的，那就变成1+1>2，因为数据汇聚会产生乘数效应，数据越汇聚越多，越使用价值就越大，越封闭越不用价值就越小，通过区块链技术和数据流通技术两者实现数据流通。具体来说，包括以下三个方面。

一是底层是区块链、密码学和隐私计算。基于核心技术服务数据存储、数据流通、数据交易，它可以在文创、政务、工业各个领域进行运用，中间有一些标准化产品，上面是一些基于产品应用场景。

二是数据要产生价值。数据的价值定义为认同价值，不是劳动价值。马克思政治经济学基于工业社会的逻辑建立了一套价值认同体系，叫劳动价值理论。比如，这个杯子值多少钱由什么决定？是由它的材料费加一般劳动时间决定的，凝聚在这个杯子上的一般劳动时间，所以提高生产效率指的是降低它的一般劳动时间，让个体的劳动时间低于社会的一般劳动时间，这样就能赚到利润。数据的生产成本几乎为零，点一下鼠标就能复制N份了，劳动价值就不成立了，劳动凝聚到数据上的价值就不能构成数据的价值。

此外，数据价值还跟使用方有关系，比如说医院的数据对医生是有价值的，对研究医药科研机构是有价值的，但对一个农民来讲就没价值。

三是数据需要确权。传统商品使用权跟所有权是绑在一起，随着交易完成，所有权和使用权发生了转移。但数据具有特殊性，数据所有权和使用权可以分离，所以从技术角度来看需要确权。因为如果数据权属不明确就会造成混乱，就没办法成为要素去流动，价值也没办法得到体现，数据生产者的权益不能得以体现。物品与商品最大的区别是商品具有稀缺性，然而数据是没有稀缺性，所以要用区块链来制造它的稀缺性，区块链制造稀缺性的逻辑很简单，每复制一份都给它一个标记，给它编个号，这个编号是独一无二的，总量是固定的，比如某种数据就只能复制一万份，关键是每一份都是独一无二的，都有个标识，如果谁拿到这一份就用一次，用一次之后你如果再复制用第二次就可被认定为非法，这样就把数据的商品属性建立起来了。

四是数据息共享问题。区块链能构建安全可靠的数据分享机制，打破数据孤岛，实现数据脱敏，节省人力成本，追踪产品轨迹，提高智能化管理水平。譬如，医院CT片子在甲医院检查了，在乙医院能不能用，就涉及诊疗数据共享问题。区块链技术可以将治疗跟检查分开，在确定一个利益分成机制的情况下，只需在甲乙两家医院各安装一个数据安全网端，通过一个数据共享的机制，实现数据可用不可见。因为本质上，数据共享是信息共享，数据是信息的载体，信息是数据所呈现的结果。大多数情况，需要的是信息不是数据。数据、信息、知识这三个概念是有区别的。谭林董事长向我们打了一个形象的比喻，数据是存放信息的载体，信息是提炼出来对人有价值的数据，类似于蔬菜与菜肴一样，菜是原材料，通过厨师的加工才能变成一道菜肴；菜肴可为消费者提供营养，这里营养就是知识。数字时代需要一个技术信任工具对数字社会进行规制，区块链就是一项很好的规制技术。

三　区块链技术下的产业链协同

随着区块链技术的发展应用以及相应的数字治理机制的建设和完善，都市圈产业协同发展模式和路径正在逐步实现数字化变革和重构。但由于专业所限，目前我们尚不能对数字时代都市圈产业协同发展组织变革的具体图景做进一步的技术性描述，但是从天河国云董事长兼CEO谭林介绍的区块链技术在高端装备制造产业链协同的应用案例中，我们依然可以从中获得许多方向性的启示。

谭林董事长提到，高端装备制造场景中的普遍面临"三高一短"问题，即定制化程度高、多方协作复杂度高、出错成本高、工程周期短，[①] 而区块链技术可以针对"三高一短"问题，提供数字时代产业链协同的系统解决方案。以长沙铁建重工的"国之重器"盾构机为例，盾构机上游大概有2000家供应商，平时经常合作的也有五六百家。盾构机产业链比较长，需要很多上下游厂商配合，但在长沙聚集程度比较低；装备生产过程中间装备的定制化程度很高，如果错了，返工就很麻烦。另外，一般业主单位工期有严格的要求，比如说半年就要交货，盾构机生产面临典型的"三高一短"问题。针对这些问题，可以建立一套产业区块链的体系来实现。

基于区块链的多个核心技术构建面向盾构机制造的区块链基础服务平台，面向供应链上下游，构建可信工业数据资源库和供应

---

① 根据课题组调研访谈录音整理。

商资源库，打造安全可追溯的产品协同研发设计、多方协同的供应链可信采购与金融服务、厂内制造全流程追踪和全要素产品质量与售后服务四个应用场景，覆盖需求、设计、采购、生产、融资、交付和售后服务流程，打通上下游供应链协同，并提供管理门户，提升高端装备制造业产业链协同效率。

一是多方协同的供应链可信管理与金融服务。围绕主机厂与供应商的业务合同和产品供应关系，通过链主企业现有供应商服务网络，基于联盟企业内部数据和外部数据联合构建企业可信画像，提供真实可信的供应商评估信息，提升供应商寻源效率，满足供应链协作需求。建立供应商数据安全协作机制。通过区块链构建可信评分体系，构建供应链正向反馈网络，结合隐私计算技术，打造真实可信的合作关系网络，支持快速构建供应链关系。基于隐私计算解决商业数据安全与共享矛盾。通过隐私计算实现企业业务往来合同数据可信计算，构建真实业务关系和产品、客户证据链条，支持供应链金融服务。

二是安全可追溯的产品协同研发设计。基于产业区块链，构建可信工业数据资源库，面向产业链的设计协作过程，构建满足高端装备制造设计过程的工业数据资源库，提升产业链设计过程中图纸、模型等知识产权资产安全流转与协作效率。围绕主机厂与上下游间的设计图纸协作过程，基于区块链内生安全机制，构建高效的图纸分发、协同设计、工艺反馈的设计高效闭环，形成设计高速公路，优化高端装备制造的产品研发设计过程。

三是产品全要素质量存证与溯源。围绕高端装备产品生产制造全流程质量安全，构建厂内与厂间的全要素质量数据链条，构建质量共同体，补齐供应链协同中的信誉环节，形成以"信誉→协作→质量→信誉"的高效闭环。一方面，构建高端装备厂内制造全流程追踪解决方案，提供厂内详细的生产质量和过程数据，通过溯源技术，结合供应链协同数据，实现产品故障快速定位、生产效率评估，解决产品质量过程缺失、售后服务不及时等生产和售后问题。另一方面，形成跨企业产品全要素质量档案。以产品BOM为核心，贯穿供应链和研发、计划、供应、生产、调测、运输和售后阶段；每一个目录节点都可以附着一个或多个质量全过程档案，形成产品全要素质量档案；质量数据来源于供应链上下游的PLM、ERP、MES等信息化系统。数据的治理形式采用人工建模、系统自动抽取建档方式完成档案创建，全过程存证可溯源。

随着数字经济的飞速发展，我们似乎生活在一个更为扁平的世界中。信息传递的速度之快、范围之广，仿佛将整个世界紧密地联系在一起。然而，表面的扁平之下，却隐藏着更为复杂"无穷的可能性"。因此，我们只有积极去拥抱未来，才能赢得未来。正如华为战略研究院院长周红所言："我们正在快速奔向智能社会，面对无穷的可能性，我们所有的想象都是保守的。在征服星辰大海的道路上，一切的不可知和不确定性，都会使我们变得更加强大，唯有积极面对！"[①]

[①] 朱飞：《当"低垂的果实"被摘完，华为如何架长梯攀登智能世界高峰?》，《百度网》2023年4月21日，https://baijiahao.baidu.com/s?id=1763745701625014266&wfr=spider&for=pc。

参考文献

一 中文文献

1. 中文专著

陈国亮、袁凯、徐维祥：《产业协同集聚形成机制与空间外溢效应研究》，浙江大学出版社2020年版。

程富广、肖瑜、李佳怡：《梁稳根的三一之路》，浙江人民出版社2013年版。

贺灿飞：《转型经济地理研究》，经济科学出版社2017年版。

李靖：《新型产业分工：重塑区域发展格局》，社会科学文献出版社2012年版。

庞琛：《多重异质性、企业空间离散化与产业集聚》，浙江大学出版社2022年版。

王缉慈：《现代工业地理学》，中国科学技术出版社1994年版。

王铮、熊文等：《区域管理与发展》，科学出版社2021年版。

朱华晟：《浙江产业集群——产业网络、成长轨迹与发展动力》，浙江大学出版社2003年版。

2. 中文译著

世界银行：《2009年世界发展报告》，胡光宇译，清华大学出版社2009年版。

［美］哈罗德·孔茨、海因茨·韦里克：《管理学》，郝国华、金慰祖、葛昌权等译，经济科学出版社1993年版。

［美］托马斯·弗里德曼：《世界是平的》，何帆、肖莹莹、郝正非等译，湖南科学技术出版社2008年版。

［新］李光耀：《李光耀论中国与世界》，蒋宗强译，中信出版社2013年版。

3. 中文论文

安礼伟、李锋、赵曙东：《长三角5城市商务成本比较研究》，《管理世界》2004年第8期。

安树伟、凡路：《京津冀城市群产业链分工格局、机制与发展方向》，《河北经贸大学学报》2024年第2期。

陈国亮、唐根年：《基于互联网视角的二三产业空间非一体化研究》，《中国工业经济》2016年第8期。

储昊东、潘家栋：《产业飞地助力浙江山区26县共同富裕的机制与路径》，《经济观察》2023年第10期。

冯云廷：《飞地经济模式及其互利共赢机制研究》，《财经问题研究》2013年第7期。

干春晖、满犇：《双循环测度与国内大循环内生动力研究》，《系统工程理论与实践》2023年第11期。

高新才：《改革30年来中国区域经济合作的回顾与展望》，《西北大学学报》（哲学社会科学版）2008年第5期。

高幸、张明善：《我国飞地经济运行机制的完善》，《中南民族大学学报》（人文社会科学版）2021年第11期。

胡宇辰、吴群：《基于产业集群发展的政府职能分析》，《经济问题探索》2004年第11期。

黄群慧：《西方经济理论中企业家角色的演变和消失》，《经济科学》1999年第1期。

江静、刘志彪、于明超：《生产性服务业发展与制造业效率提升：基于地区和行业面板数据的经验分析》，《世界经济》2007年第8期。

蒋成钢、罗小龙等：《陷入困境的跨界区域主义——对江阴靖江跨界合作的重新认识》，《现代城市研究》2018年第10期。

李明、王卫：《基于飞地经济视角的区域经济高质量发展机理与路径》，《经济纵横》2023年第6期。

林玉姝、林善浪：《区域一体化背景下跨区域产业协同发展研究——以长三角地区为例》，《中州学刊》2022年第11期。

刘志彪：《建设优势互补高质量发展的区域经济布局》，《南京社会科学》2019年第10期。

刘志彪、张杰：《从融入全球价值链到构建国家价值链：中国产业升级的战略思考》，《学术月刊》2009年第9期。

马燕坤、张雪领：《中国城市群产业分工的影响因素及发展对策》，《区域经济评论》2019年第6期。

覃剑：《三维度视角下的大湾区产业高水平协同发展》，《开放导报》2023年第3期。

谭劲松、宋娟、王可欣、赵晓阳、仲淑欣：《创新生态系统视角下核心企业突破关键核心技术"卡脖子"》，《南开管理评论》2022年第3期。

王一鸣：《百年大变局、高质量发展与构建新发展格局》，《管理世界》2022年第12期。

魏后凯：《大都市区新型产业分工与冲突管理——基于产业链分工的视角》，《中国工业经济》2007年第2期。

魏后凯：《构建面向城市群的新型产业分工格局》，《区域经济评论》2013年第2期。

许险峰、许吉黎等:《基于共生视角的"飞地经济"高质量发展路径研究——以广清经济合作区(广德园)为例》,《热带地理》2023年第12期。

余莎、游宇:《合伙卖地?地方政府合作与土地资源配置》,《财经研究》2017年第12期。

张贵:《飞地经济的发展逻辑及效能提升》,《人民论坛》2021年第9期。

张贵、孙晨晨、刘秉镰:《京津冀协同发展的历程、成效与推进策略》,《改革》2023年第5期。

张明超、孙新波、钱雨、李金柱:《供应链双元性视角下数据驱动大规模智能定制实现机理的案例研究》,《管理学报》2018年第12期。

张其仔、周麟:《协同推进城市群建设与产业链供应链现代化水平提升》,《中山大学学报》(社会科学版)2022年第1期。

朱华晟:《论乡镇企业的社区性及其影响》,《学术研究》2001年第6期。

朱晟君、黄永源、胡晓辉:《多尺度视角下的产业价值链与空间升级研究框架与展望》,《地理科学进展》2020年第8期。

朱晟君、王翀:《制造业重构背景下的中国经济地理研究转向》,《地理科学进展》2018年第7期。

二 英文文献

1. 英文著作

Min Zhou. *China Town: The Socioeconomic Potential of an Urban Enclave*, Temple University Press, 1992.

Roume LS. *Urban Systems for Regulation*, Oxford: Clarendon Press, 1975.

2. 英文论文

Malecki, Edward J., "Technology and economic development: the dynamics of local, regional, and national competitiveness" *Technological Forecasting & Social Change*, Vol. 62, No. 3, 1999.

Smith A., Pickles J., Buček M., et al., "The political economy of global production networks: Regional industrial change and differential upgrading in the East European clothing industry", *Journal of Economic Geography*, Vol. 14, No. 6, 2014.

Tobler W., "A Computer Movie Simulating Urban Growth in the Detroit Region", *Economic Geography*, Vol. 46, No. 2, 1970.

后　　记

当前，从京津冀到长三角、成渝双城经济圈，我国都市圈和城市群的产业协同发展实践正如火如荼。为什么最近十多年地方政府、产业园区以及企业的跨区域产业分工协作的积极性和主动性显著增强，其背后的原因和支撑逻辑是什么？都市圈和城市群的产业协同本质上属于区域产业空间升级的范畴，那么在这个产业的空间升级过程中，又有着怎样"异常复杂而又艰辛"的演化过程以及"兼具普适性和特殊性"的机制创新作支撑？

针对以上问题，在湖南省社会科学院（湖南省人民政府发展研究中心）哲学社会科学创新工程项目的资助下，我们团队于2023年10月至11月，对长株潭都市圈的多个地方政府、产业园区、重点企业和企业家进行了深入的调研与访谈，积累翔实的一手调研资料。

我们尝试用发展演化的视角，辅以更多"背后的故事"，对都市圈产业协同发展的过程和机制做出较为生动的研究和阐释，力争让本书的可读性和理论性实现有机统一。这是我们突破自身既有理论研究范式和写作风格的一次新尝试。

关于本书的写作分工如下。

项目组长罗黎平负责调研方案和本书写作提纲起草、每个章节写作思路和观点的提炼，以及后期各章的修改和全书统稿工作；湛中维作为项目副组长协助完成了调研的大量组织协调工作、参与了各章节写作思路和修改的讨论，并重点参与了第二章的修改。初稿章节的写作分工是：第一章罗黎平；第二章曾召友；第三章刘晓；第四章高立龙；第五章肖琳子；第六章徐华亮。

本书得以出版，要感谢我们的"调研对象"。前后两个月，我们先后调研了长沙经济开发区、长沙高新技术开发区、株洲高新技术开发区、长沙市雨花经济开发区、韶山市高新技术开发区、湘潭天易经济开发区，感谢以上园区管委会的相关领导与工作人员以及园区企业对我们调研提供的宝贵协助。同时，还要特别感谢湖南天河国云科技公司董事长谭林先生、湖南柏屹创新园区发展有限公司董事长刘先林先生、树根互联高级副总裁王锦霞女士、湖南中车智行科技公司党委书记兼总经理彭忠红先生、湖南圣瓷科技有限公司总经理陈文彬先生、湖南三匠人科技有限公司董事长吴震波先生，他们于百忙之中拨冗接受我们专访，并提供了大量有价值的信息与观点。

最后，还要感谢中国社会科学出版社各位编辑老师，尤其是责任编辑党旺旺老师的辛苦付出，本书才得以顺利出版。

罗黎平

2024年6月12日于长沙